Torsten Olaf Enge · Carl Friedrich Schröer

Arquitectura de jardines en Europa

1450–1800

Desde los jardines de las villas del Renacimiento italiano
hasta los jardines ingleses

Fotografías:
Martin Claßen · Hans Wiesenhofer

Benedikt Taschen

ILUSTRACION CUBIERTA ANTERIOR:
Stowe, Buckinghamshire, Inglaterra
Vista del Templo Griego en el Valle Griego

ILUSTRACION CUBIERTA POSTERIOR:
Villa d'Este, Tívoli, Italia
Fuente del dragón o de la rueda pirotécnia

ILUSTRACION PAGINA 1:
Jardín del palacio *Schwetzingen* en Alemania
Escultura de Pan

ILUSTRACION PAGINAS 6–7:
Jardín del palacio *Sanspareil*, Bayreuth, Alemania
Teatro de las grutas y ruinas en el parque de las rocas

© 1992 Benedikt Taschen Verlag GmbH
Hohenzollernring 53, D-5000 Köln 1
Redacción y producción: Rolf Taschen, Uta Klotz, Colonia
Traducción del alemán: Dr. Xesús Caramés
Diseño de la cubierta: Under Cover, Colonia, Berlín
Printed in Germany
ISBN 3-8228-0238-7
E

Indice

8   Jardines – Diseños de un mundo mejor
      por Carl Friedrich Schröer

30   El jardín como paisaje ideal
      por Torsten Olaf Enge

30   I. Despedida del Paraíso

40   Jardines del Renacimiento y del Manierismo
          Villa d'Este 42 · Palazzina Farnese 50 · Villa Gamberaia 56
          Villa Aldobrandini 64 · Villa Garzoni 70 · Bomarzo 76
          Villandry 84

90   II. La formación de la individualidad

98   Jardines del Barroco y del Rococó
          Vaux-le-Vicomte 100 · Versalles 108 · Belvedere 118
          Het Loo 126 · Herrenhausen 132 · Charlottenburg 140
          Veitshöchheim 148 · Schwetzingen 156

164   III. La geometría de lo absoluto

184   Jardines ingleses
           Chatsworth 186 · Castle Howard 192 · Blenheim 198
           Stowe 204 · Stourhead 212

218   IV. El mundo como espectáculo

238   Situación de los jardines

Jardines – Diseños de un mundo mejor
por Carl Friedrich Schröer

Paraíso y utopía

Al principio fue el Paraíso. – El primitivo mito del Jardín del Edén tiene que ver con una añoranza fundamental de la humanidad. En el Paraíso vivían los primeros hombres en una paz perfecta. No conocían la muerte, ni la enfermedad, ni el trabajo que degrada, tampoco las necesidades sociales y estaban libres de opresiones sexuales y poderes subyugantes. Lo que contiene la historia del Paraíso del libro del «Génesis» («El libro de los Orígenes») es, sobre todo, el sueño de la humanidad por una vida en mítica armonía con la naturaleza; y, desde siempre, esta vida natural y armónica sólo puede uno imaginársela en un jardín.

Este viejo sueño de la humanidad encontró pronto una imagen y un nombre: «pairi-dae'za». En iraní antiguo esto no significa otra cosa que «vallado», sin que se indique nada de la forma de este recinto aislado y protegido por una valla. Del iraní antiguo pasa a convertirse en «Paraíso», lo que, traducido a nuestra lengua, significa «Jardín de las delicias». Y es como jardín de delicias como los hombres se han imaginado desde siempre el lugar de sus anhelos por superar las faltas e imperfecciones humanas. Y este jardín es, desde entonces, un ideal utópico. Mediante él se echa mano de momentos evolutivos muy remotos con el fin de esbozar un futuro mejor y más feliz.

Escena galante en un jardín

La narración bíblica del paraíso describe simbólicamente una vida primitiva y, por tanto, natural, que alguna vez en sus comienzos, en todo caso anteriormente a toda historia, tuvo que ser posible a los hombres. Para el final de los tiempos, se promete un reino de total armonía. Ya esta antigua referencia del modelo judeo-cristiano a un mundo mejor – que puede hallarse de modo semejante en otras muchas culturas – se refiere a una época natural ya desaparecida, para diseñar un futuro prometedor, en una bella contraposición. – Es un ejemplo de aquella época prometida, de la historia, en la que está contenida toda dicha.

En la historia del Jardín del Edén no es decisivo si este primitivo jardín ha existido alguna vez, qué forma tuvo o dónde estuvo situado. El Jardín del Edén se convierte, precisamente por eso, en modelo inagotable, en origen y lejana meta de los grandes jardines a través de los siglos, porque éste sigue existiendo como mito a través de la literatura. Se trata del antiguo sueño de la humanidad de una vida paradisíaca, libre de cuitas, plena de salud y de una felicidad cada vez mayor, y no de la parca descripción formal de un histórico jardín situado en la antigua Persia, Mesopotamia o Anatolia.

Un jardín significa siempre una añoranza a la que se ha dado forma, también un regreso sentimental a la edad dorada, a la vez que un escape hacia la utopía. Siempre está implícito el intento de recobrar en la tierra el paraíso perdido y alcanzar así, por adelantado, el reino de los cielos prometido. El camino para alcanzar esta meta es la reconciliación con la naturaleza; reconciliación sólo posible dentro del arte. La naturaleza vuelve a ser bella sólo en esta elevada esfera, que cuenta con un orden propio. En este contexto, deja de ser pedregosa y dura como tierra de labradío, e intransitable y llena de peligros como la selva. Los jardines resultan de la conjunción de lo bello del arte y de la naturaleza, en lo que están incluidos todos los elementos naturales como el agua, la luz, el aire,

Escultura en el jardín del Palacio de *Klessheim*, Austria

el crecimiento, convirtiéndolos en objetos de arte. Todos los esfuerzos en torno a la arquitectura de jardines son reflejo de aquella añoranza de la felicidad humana en armonía con la naturaleza. Más que utilidad, protección o alimento, medicina o provisiones, lo que este recinto vallado garantiza es una placentera musa. De este jardín quedan excluidos la polvorienta tierra, las espinas y los cardos del mundo del trabajo. En gran parte, el mítico sueño de una naturaleza pacífica y bella llega a hacerse realidad en un jardín. La arquitectura de jardines, como la poesía, la literatura o la pintura, prefiere aquellos modelos lejanos que no pueden ser sometidos a una comprobación crítica, evitando con ello el desengaño. Los jardines son siempre remotas islas de la añoranza, alejadas tanto en el espacio como en el tiempo. De esta manera, la fantasía, al carecer de detalles concretos e históricos y verse libre de las situaciones agobiantes de la realidad, puede desarrollarse libremente. La mitología y el arte han creado muchos de estos paraísos, ejemplos de los cuales son el Elíseo, las Hespérides, la Arcadia; islas por las que sentimos predilección, como son la Atlántida, la Isla de los Bienaventurados, Itaca, Orplid, Avalón, Citera, Sicilia, Capri, Mauricio o Tahití; también la selva subtropical, la Tierra de Jauja; incluso América, el mundo de los Alpes suizos y, finalmente, el cosmos, se han convertido en este tipo de territorios lejanos y utópicos. Desde los mitos primitivos hasta la ciencia-ficción, estos paraísos artificiales, más que lugares concretos identificables en el mapa, son mundos de fantasía y de ensueño. Pero ningún mundo de fantasía, ninguna isla, por fantástica que sea, deja de tener una base real. Utopía, a pesar de no estar en ningún lodo, es el lugar al que están dirigidas las ansias humanas que la realidad no puede satisfacer. Los jardines son, así mismo, consecuencia de los anhelos que brotan de las opresiones y las esperanzas frustradas de cada día. Ellos representan el reflejo y la alternativa del mundo dentro del territorio de lo bello. Construidos para superar ciertas barreras, los jardines arrojan una luz sobre las circunstancias históricas que tienen que ver con su origen y con su constructor, y realizan, como toda utopía, una crítica de la situación política, de las relaciones sociales concretas, de ciertas opresiones y de ciertas desidias.

De forma que en el sueño del paraíso está contenido lo siguiente: la intimidad y la utopía, el entusiasmo y la huida a lo idílico, el menosprecio de la realidad y, al mismo tiempo, la ruptura, la voluntad de cambio y el ansia de libertad. De este hermoso sueño surge la fuerza, y la fantasía se hace poder y la libertad humana triunfa precisamente allí donde, de otro modo, habría tenido que someterse a la necesidad. Si seguimos a través del tiempo la trayectoria de las utopías, tanto pesimistas como optimistas, tanto las que tienen que ver con la Edad de Oro como las proyectadas hacia un futuro lejano, aparece con claridad en ellas la constante ansia de cambios políticos y de revolución; al mismo tiempo se hacen patentes aquellos momentos históricos en los que el deseo quiere hacerse realidad.

La Arcadia – el Paraíso profano

No menos trascendente que el anterior, la Arcadia es el otro punto de referencia en la historia de los jardines: el paraíso profano, por así decirlo. En la Arcadia, Adán y Eva no son sorprendidos por el pecado, sino que en ella unos pastores están tocando la flauta. Ningún Dios-padre vigila el quehacer de los hombres, sino que un dios con patas de macho cabrío, llamado Pan, se dedica a hacer de las suyas, asusta a los rebaños medio dormidos por el calor sureño del mediodía o anda a la caza de ninfas asustadizas. Si la historia bíblica del paraíso es la contraposición positiva del politeísmo pagano, destinada a condenarlo, la Arcadia

Fuente del Isolotto, en el *Jardín de Boboli*, Florencia, Italia

El jardín de Boboli, situado detrás del Palazzo Pitti es el más famoso de los jardines de los Medici. Entre sus partes más suntuosas se cuenta el Isolotto, un laguito ovalado, diseñado en 1618 por Alfonso Parigi, en cuyo centro se levanta un isla artificial con la fuente de Océano, de Giovanni da Bologna.

renacentista se convierte en un cuadro utópico que magnifica las formas de la existencia precristiana y aquéllas más cercanas a la naturaleza.

La Arcadia se convierte en la tierra de ensueño de la Edad Moderna, que, envolviendo conscientemente a la Antigüedad, promete un futuro mejor. También aquí hallamos la añoranza del místico reencuentro con la naturaleza, esta vez con el disfraz de lo clásico. El pacífico y montañoso país de la Arcadia se lo imaginan surcado por toda clase de edificaciones, grutas, ruinas y templos al gusto antiguo. Desde el Renacimiento, el reino de Pan, ennoblecido por los ejemplos de la literatura clásica, sirve como modelo de un mundo natural y, sin embargo, agradable, lo que supone una proyección idílica bien diferente de la situación real del momento.

Al contrario del Paraíso, la Arcadia puede hallarse realmente en el mapa, y no es otra cosa que una cadena de colinas enriscadas e inhóspitas en el Peloponeso. ¿Es este país montañoso y yermo la Arcadia de los pastores-poetas, la tierra del amor y de la añoranza? Este país, en verdad, no tiene con la Arcadia soñada otra cosa en común que el nombre. Si esta tierra se convirtió en un prototipo, ello se debió a que estaba suficientemente alejada de Roma, donde la problemática situación hacía necesaria la creación de este país de ensueño.

El poeta romano Virgilio (70–19 a.d.C.) sitúa sus idilios en una época mítica – donde junto a los pastores valerosos aparecen los viejos dioses de Grecia, – y el escenario de sus narraciones lo sitúa en el campo. Con la Arcadia de Virgilio se inicia el mito de la vida placentera del campo en oposición a la vida decadente de la gran ciudad. En ella, las refinadas costumbres y el buen gusto suavizan la vida del campo haciéndola más aceptable. «Si la Arcadia de Virgilio está llena de emociones, a los pastores les falta, tanto lo campestre, como lo urbanamente civilizado. En su paraíso idílico-campestre prevalece la paz del descanso tras el esfuerzo de la dura tarea cotidiana; la fresca sombra hace su aparición en lugar de las inclemencias climatológicas; el suave lugar junto al arroyo es más importante que la escarpada tierra montañosa. Los pastores emplean más tiempo en tocar la flauta y cantar que en colar el suero de la leche y en fabricar el queso»: así describe Bruno Snell, no sin cierta ironía, la vida de estos pastores: «En la Arcadia no se piensa con precisión o agudamente, sino que todo es titileo del sentimiento. El sentimiento en sí nunca es salvaje ni pasional. El amor, en especial, es delicada nostalgia.»

La Arcadia es país de cotidianidad dorada, y esta cotidianidad es totalmente artificial. Todo allí es importante y sublime y, a decir verdad, todo lo contrario de una banal cotidianidad. Aquí se abre una profunda sima entre la vida diaria y el mundo artificial de la Arcadia, pues ésta es, ante todo, ficción estética y utópica visión de felicidad.

En el Renacimiento surge otra vez la Arcadia, pero ya con el sentimiento de aflicción por algo desaparecido: Pan está muerto, como dice Iacopo Sannazaro en su novela pastoril *Arcadia* (1480) y Torquato Tasso en el drama bucólico *Aminta* (1573), en el que los pastores claman doloridos por la desaparición de la Edad dorada, que era, ante todo, una época de libertad en el amor. Durante siglos, poetas como Pietro Bembo, Jorge de Montemayor, Miguel de Cervantes u Honoré d'Urfé; pintores y grabadores desde Giorgione a Tiziano, desde Dosso Dossi a Nicolò dell'Abbate, desde Jean Antoine Watteau y Jean Honoré Fragonard hasta Hubert Robert compiten por evocar tanto la Antigüedad como el país bucólico de la Arcadia. Lo pastoral se establece como género artístico. El drama bucólico y la moda pastoril se extienden desde Italia por todos los países europeos, y pronto cualquier hombre de letras se siente tan en casa en el montañoso país de la Arcadia, en el mundo de Galatea y en las campinas del Helicón como en el reino de la mitología clásica. El ideal arcádico acogido y promovido con entusiamo en la corte de los príncipes pudo, sin embargo, estilizar las extravagancias aristocráticas en la elevada esfera de un anticuado mundo pastoril.

El propio presente es transfigurado finalmente, en utopía artística: el entusiamo artístico supera a la realidad; la corte entera de los Medici en Florencia se convierte en obra de arte del ideal clásico. Todavía trescientos años más tarde, un monarca ilustrado, Federico el Grande, transforma una morrena arenosa de Brandenburgo en una «Arcadia de la Marca de Brandenburgo», e incluso los monarcas constitucionales de Inglaterra hasta finales del siglo XIX consideraron como objeto de arte el estado que regían. La Arcadia es el escenario, sin embargo: la íntima convivencia del campo como lo contrapuesto a la corrompida vida de la corte.

No es ningún milagro que la arquitectura de jardines florezca en tales épocas. Seduce el hacer, una vez más, realidad el mundo de la Arcadia; el borrar la sutil diferenciación entre fantasía y realidad, y el reconstruir con una fidelidad seductora el mundo de la pintura de Poussin y Lorrain. No es, pues, ningún milagro, que la arquitectura de jardines ganase finalmente terreno hasta convertirse en arte estatal y tratase de reunir y superar en sí misma a las demás artes.

La Arcadia es uno de los ideales más poderosos de la era moderna. Una tierra lejana e inalcanzable se convierte, a lo largo de los siglos, en el símbolo de la añoranza humana de un mundo mejor, de una vida en armonía con uno mismo, con la naturaleza y con la divinidad. Es un paraíso profano que, al igual que el Jardín del Edén, representa un idílico «locus amoenus» en el que se hace posible la tranquilidad sin fin e ilimitada, la inspiración y el amor, pasando por encima de las preocupaciones de la vida cotidiana. Existe una diferencia esencial:

la Arcadia no es una creación divina con exigencias de absolutismo, sino que un producto artístico, un interregno situado entre el Paraíso y la realidad, y que participa de ambos. Esto condiciona el atractivo y el dolor existencial en torno a la Arcadia, ya que puede ser creada por los hombres como manifestación artística. Durante un tiempo, uno puede, incluso, habitar en ella placenteramente. Y, sin embargo, esta bucólica felicidad está expuesta a una amenaza constante, pues el dolor, el sufrimiento y la muerte han logrado introducirse en la Arcadia. Pero tampoco esto es auténtica realidad, sino puro sentimiento y pura sensación. Incluso el amor no es vivido según los sentidos, sino sólo como ansia, pues el ansia del amor y no su satisfacción es el verdadero sentimiento arcádico.

Jardín de la Isola Bella
Lago Maggiore, Italia

Una idealización del medio pastoril podemos hallarla ya en la antigua bucólica. En su forma arquetípica, el pastor ya aparece allí como símbolo de la cercanía del hombre con la naturaleza. Una existencia tan natural y libre no podía por menos que recordar la Edad de Oro ya pasada. Es verdad que el poeta romano Virgilio es el descubridor de la Arcadia, pero es en el Renacimiento, sin embargo, cuando la bucólica adquiere un verdadero potencial utópico. Con la *Arcadia* de Sannazaro renace la tierra de los pastores cantores y el lugar de nacimiento es nuevamente, Italia. Esta obra capital de la bucólica europea ofrece ya no solamente un refugio para huir de la odiada realidad, sino que contiene también la contrapartida utópica con un ropaje de simbolismo pastoral. Lo que se ofrece es menos un paraíso para erotómanos que una elaboración de la historia del tiempo; y ello con la pretensión de meterse cuanto antes en el mundo prometido de la Arcadia. Como utopía, la novela pastoril es también un descubrimiento del primer Renacimiento; ambas se inspiran en antiguos autores y se establecen como renovaciones de antiguas formas. Sannazaro se sirve del mundo pastoril imaginado por Virgilio. Con ello se fija la dirección que seguirá este género literario, es decir, la *Arcadia all'antica*. Los pastores aparecen vestidos a la antigua, llevan nombres griegos o latinos y el paisaje está decorado con la arquitectura y las ruinas clásicas.

Desde el Renacimiento hasta el siglo XVIII, la Arcadia ocupa un puesto indiscutible en la historia del arte. Partiendo de la poesía y de la pintura paisajista, ella se convierte en el *leitmotiv* de la arquitectura de jardines de la época moderna.

Hypnerotomachia Poliphili

La *Hypnerotomachia Poliphili* («Discusión amorosa de Polífilo en sueños»), de Franceso Colonna, aparecida en Venecia en 1499, es otra novela de este tiempo que merecer ser tenida en cuenta. Esta obra tiene una gran importancia, pues contiene, de forma purísima, las ideas que configuraron la arquitectura de jardines del Renacimiento, basada en la agrupación microcósmica de toda la naturaleza bajo el dominio del hombre. Escalonamiento jerárquico, severa axialidad y orden geométrico de todo el conjunto adelantan los modelos de la ciudad ideal de la época moderna. El libro sigue el esquema de una novela amorosa a la manera de los ejemplos antiguos, como el *Roman de la rose*, de Guillaume de Lorris, la *Divina Comedia*, de Dante o el *Decamerón*, de Boccaccio. Polífilo (que ama a Polia) cuenta a su amada el sueño que, en cinco etapas, le conduce a la unión con ella. Sólo en la última etapa es cuando ambos llegan a Citeres, la isla de Venus. Amor mismo lleva a la pareja en una barca sobre el mar. Llegados allí son transportados, en un carro del triunfo, a un santuario de la diosa en el centro de la isla del amor. Citeres es descrita como un jardín diseñado artísticamente. En un anfiteatro, en medio de la isla, tiene lugar la unión cuando Polífilo rasga una cortina llamada Himen, que custodia las fuentes en que se baña Venus.

Colonna equipara a la mujer deseada con la Antigüedad. La misma Polia se convierte en guía de Polífilo en el largo camino hacia la Antigüedad. La novela amorosa se convierte en una declaración de amor al tiempo pasado. La intención principal del escritor es presentar de forma sugestiva la cultura antigua, las obras arquitectónicas, los jardines, el arte y la moda. Pero Colonna no se limita a la simple descripción de los modelos clásicos, sino que quiere superarlos con su imaginación. Por eso hallamos un fantástico jardín de cristal, uno de seda y un tercero de riquísimas piedras preciosas.

Mitología escenificada de la naturaleza

En los complejos jardines del Renacimiento, y más aún en los del Manierismo y del Barroco, se realizaron programas iconográficos, que muy a menudo aunaron el ideal arcádico con la escenificación de la mitología de la naturaleza. Las figuras que aparecen en los jardines, en las fuentes, en las grutas, o bien como grupos de esculturas independientes, están inspirados en la tradición greco-latina, sobre todo en *Las Metamorfosis* de Ovidio, en las *Eglogas* de Virgilio y, tras su redescubrimiento al principios del siglo XV, en la obra filosófica de Lucrecio: *De rerum natura*.

En el Renacimiento, la mitología greco-latina adquirió de nuevo gran importancia, pues los personajes del mundo divino del Olimpo y no menos los seres mixtos y grotescos – cruces demoníacos entre animales, hombres y dioses – personificaban y conservaban el saber ya perdido acerca de la mística de la naturaleza y de la filosofía natural del mundo clásico, que ahora se trataba de recuperar. El saber secreto y perdido de los antiguos se creía oculto en los mitos. Tras las personalidades míticas se sospechaba el poder de las fuerzas libres de la naturaleza; se intentaba manipularlas con la ayuda de rituales mágicos y obras plásticas de carácter místico. También la distribución espacial de las figuras en los jardines tenía una decisiva importancia en lo que a sus efectos energéticos se refiere.

Jardín de la *Villa Lante*, Bagnaia, Italia
Salto de agua que se desliza escaleras abajo hasta un estanque semicircular

Jardín de la *Villa Lante*, Bagnaia, Italia

El jardín de la Villa Lante se cuenta entre los jardines renacentistas mejor conservados de Italia. El eje central rodeado por dos pequeñas villas – una particularidad de este jardín – al final del jardín comunica tres sectores del jardín de tamaño más o menos parecido.

La figura central de la mitología de la naturaleza es Pan, el dios griego protector de los pastores de Arcadia. En la época romana ya se hallaba totalmente entremezclado con faunos y sátiros. Está siempre representado como un ser mixto con patas de macho cabrío y cabeza con cuernos, que a menudo habita en cuevas (por lo que, entre otras cosas, puede comprenderse la existencia de las numerosas grutas de estos jardines). Llama la atención lo polifacético de sus papeles. Pan («todo» en griego) es la personificación del todo y del universo y, a menudo, también el símbolo de la naturaleza. El dios de los pastores estaba acompañado a menudo por Dionisos (Baco), persigue a las ninfas y había descubierto la flauta pastoril. Al mismo tiempo conocía los misterios de la naturaleza. Ya en el siglo XV, Pan se convirtió en la figura simbólica de la sexualidad impulsiva de los hechos naturales y de los libres y autosuficientes procesos de la naturaleza.

De forma más exacta, Boccaccio (1313–1375), cuya obra *De Genealogia Deorum Gentillium* siguió siendo fundamental hasta el siglo XVII, identificó a Pan con la «Natura naturata», la forma más inferior de la naturaleza que, una vez creada, se reproduce a sí misma.

Proporción y belleza

El ansia de conocer la idea (secreta) que los antiguos tenían de la naturaleza y de la añoranza bucólica de la Arcadia fue el origen del entusiamo por los sátiros en el Renacimiento. Los sátiros y las ninfas son los principales habitantes de la Arcadia, aquel paraje mítico en el que todavía es posible imaginarse un reflejo de la Edad Dorada, es decir, de aquel estado de armonía paradisíaca, en que los dioses mantenían un contacto totalmente libre con los mortales. La armonía de la forma fue también una meta de la cultura renacentista. En el concepto de la proporción se entremezclan las tendencias especulativo-filosóficas, las tendencias técnico-matemáticas y las tendencias artísticas de la época. Apenas existe otra forma artística que estuviese en condiciones de integrar estas direcciones tan divergentes y de representarlas convenientemente como la nueva arquitectura de jardines. Como testimonio del arte «racional» y mensurable, el jardín arquitectónico garantizaba la belleza. De acuerdo con los principios, entonces aceptados, de la proporcionalidad del orden geométrico, le estaban sometidos todos los elementos.

La belleza está basada en su consonancia con la naturaleza, que no puede ser imaginada de otra forma que como una armonía perfecta concedida por Dios. Aún más: la belleza como «reflejo del rostro de Dios» es equiparada con el amor, con lo que quedan expresados los polos del eje sobre el que se mueve la teoría de Marsilio Ficino. El culto a Pan y a Venus en los jardines renacentistas tienen un doble origen: el mito de Arcadia y la teoría platónica del eros. Para Platón, Eros es también un ser «demoníaco», una mezcla de lo divino y lo humano, del mundo inteligible y del mundo sensible. Esta naturaleza del Eros escindida en sí misma constituye el momento determinante del cosmos platónico. En el Neoplatonismo de la Academina Florentina el amor actúa en dos sentidos: como tendencia de lo sublime hacia lo inferior, de lo espiritual a lo sensible, y como añoranza de lo inferior por lo superior.

«Lo propio de todos los espíritus divinos, escribe Ficino, es que, mientras dirigen su mirada a lo sublime, no cesan de mirar a lo inferior y de preocuparse por ello. Esto es lo más característico de nuestra alma, que no sólo se sirve del propio cuerpo, sino también del cuerpo de todas las cosas terrenas y de la tierra misma para cultivarse y estimularse». Para cultivarse y estimularse – de eso se trata. En verdad, toda la belleza del mundo sensible procede de él, del mundo de los sentidos, pero necesita, sin embargo, de la forma, de la libre fuerza creadora del hombre. La naturaleza se convierte en *medium*. Sólo el artista puede liberar la belleza que habita dentro de la naturaleza, y con ello llevarla a sus propiedades más positivas, mientras que sin él, ésta es la conclusión, la naturaleza permanece insignificante e inútil.

La arquitectura de jardines es, según esta perspectiva, la expresión más sublime de la naturaleza. O a la inversa: la naturaleza sólo llega a su máxima perfección a través de la mano cuidadosa y estimulante del artista. No hay contradicción en sí entre los setos podados, los árboles recortados, los parterres geométricos y la naturaleza. Lo uno es material bruto, que sólo puede ser conducido («elevado» o «engalanado», se llamó a esto más tarde) hacia la belleza. No es, pues, ninguna maravilla que una filosofía tal gozase de un éxito arrollador, particularmente entre los artistas se entiende, quienes ahora tenían un papel ejemplar que desempeñar en la transformación de la naturaleza en arte. Tampoco hay que maravillarse que hubiese una dedicación cada vez mayor a la arquitectura de jardines, pues aquí podían poner convincentemente a la vista de cualquiera cómo con un par de toques «creativos» podía transformarse un trozo de tierra yerma en una floreciente obra de arte.

Leon Battista Alberti, un viejo contemporáneo de Ficino, corrobora la relación aquí expuesta entre arte y naturaleza: «La idea de la belleza – dice en su obra mayor *Sobre Arquitectura* (hacia 1452) – no surge tanto del cuerpo en el que se

ILUSTRACION PAGINAS 18–19:
Jardín de la *Villa Lante*, Bagnaia, Italia
Fuentes con estátuas de dioses fluviales

Jardín de la *Villa il Bosco di Fonte Lucente*, Fiesole, Italia

halla, o de algunas de sus partes, cuanto de sí misma y de la naturaleza, de forma que su morada principal está en el entendimento y en la razón».

La arquitectura – y por extensión también la arquitectura de jardines – tiene, según Alberti, una función particular. Ella debe imitar la idea de la naturaleza como conjunto (y no una cualquiera de sus partes). El plan del conjunto tiene que representar a la naturaleza como un todo, pues está construido según las «proporciones naturales», según las cuales la naturaleza da forma a sus criaturas. Allí donde se ha llegado a entender la belleza como una ley universal que la naturaleza dirige como el artista hace con sus composiciones, el arquitecto no puede dar a los modelos de sus obras cualquier proporción arbitraria, sino sólo aquéllas por las que la naturaleza consigue su ideal estético (según la mentalidad de entonces una mala construcción es precisamente la que no representa las proporciones normales de la naturaleza). El orden corriente de la naturaleza (ya descrito en la Antigüedad por Pitágoras), que puede llegar a conocerse mediante la música armónica, aparece de forma análoga en los diseños proporcionales de la arquitectura renacentista. Esta representa el orden universal y, con ello, la belleza natural.

Cuando hablamos hoy de «jardines arquitectónicos» ello equivale a un jardín construido según las leyes de la perspectiva, y que se atiene a las leyes de la proporción y de la geometría, lo cual se transmite en una imagen de conjunto; no es tanto el «material sensitivo» de la naturaleza – hojas, perfumes florales o trinar de pájaros – lo que quiere reproducir, cuanto orden proporcionado. El jardín arquitectónico intenta dar una visión de la estructura interior de su belleza.

Jardín de la *Villa il Bosco di Fonte Lucente*, Fiesole, Italia

Los jardines de Ficino de los hombres de letras

«Nuestro tiempo es una época dorada que ha hecho resurgir de nuevo artes liberales, ya casi desaparecidas, como la gramática, la poesía, la retórica, la pintura, la arquitectura, la escultura, la música y el antiguo canto con la lira de Orfeo. Y todo esto tuvo lugar en Florencia». Marsilio Ficino, que aquí alaba desmesuradamente a su ciudad, sólo expresa con estas frases, sacadas de una carta de 1492 dirigida al humanista flamenco Paul de Middelburg, el sentimiento de ruptura de su siglo. La certeza tan optimista de estar al comienzo de un futuro mejor es el rasgo fundamental de un siglo que acaba de superar la «temible y oscura época» de la Edad Media.

El sentimiento de ruptura del Renacimiento hay que verlo teniendo la desmembración del orden medieval como telón de fondo: la decadencia de los poderes del orden universal, imperio y papado, la sacudida de las teorías escolásticas, la duda en la unidad de ciencia y fe, y el resquebrajamiento de la estructura social y económica. Los cuatro jinetes del Apocalipsis – hambre, guerra, muerte y peste – habían galopado por Europa. Sólo la peste se había cobrado 30 millones de muertos.

En el intento por reconstruir el mundo premedieval – el antiguo –, que es a la vez recuerdo y diseño nuevo de una época ideal, descansa la esencia del Renacimiento, cuyo carácter es comparable a la cabeza de Jano. Esta época se consideró a sí misma como un renacer de una edad dorada y, aunque resulte para nosotros extraño, las artes fueron vistas precisamente como las fuerzas que predecían el futuro del progreso general, con lo que, sin duda alguna, se le concedía un papel incomparablemente más importante que en la Antigüedad.

A pesar de los malos tiempos que corrían, los humanistas del siglo XIV estaban animados de una confianza desconcertante en las posibilidades humanas:

El hombre – apoyándose solamente en los antiguos modelos – estaba capacitado para dominar la naturaleza. Con ello se expresaba la fe en un sistema de pensamiento y de orden racionales de las relaciones políticas y sociales, y una fe en el progreso, que se convertiría en la fuerza motora de la Edad Moderna.

La formación del círculo que después se reuniría regularmente en la Academia

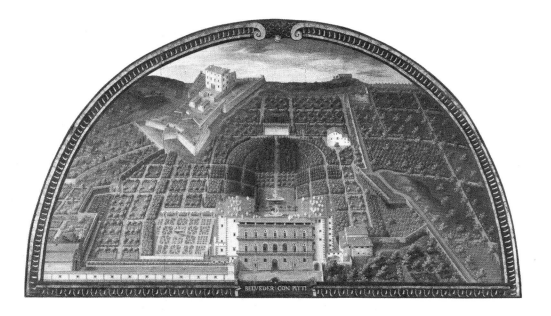

El jardín de Boboli con el Palazzo Pitti, en Florencia.
Pintura de Giusto Utens, 1599

de Ficino hay que relacionarlo con el interés, cada vez mayor, del público culto de Florencia por la filosofía griega, sustentado por una serie de conferencias de letrados bizantinos sobre las ideas de Platón. Cosimo de' Medici (Cosimo el Viejo), patricio, banquero y mecenas, había quedado tan impresionado, según relata más tarde Ficino, por las charlas de los letrados que decidió espontáneamente fundar una academia según el modelo antiguo platónico. Cosimo hizo posible que el joven Ficino tradujera los escritos olvidados de Platón del griego al latín y en 1462 le donó su casa de campo, la Villa Careggi, situada sobre una colina cercana a Florencia.

Allí se imitó con convencido entusiamo a los grandes filósofos griegos. Pronto se trató ya no de descifrar sus escritos, sino que la vida del filósofo pasó a convertirse sin más en un modelo digno de ser imitado. Platón, que impartía las enseñanzas a los alumnos en sus amplios jardines, se convirtió para Ficino y para su Academia en un completo programa de vida. El jardín era la parte más natural de su Academia – y desde entonces se considera la expresión por excelencia de la cultura humanística y del espíritu cosmopolita. Para la evolución de los jardines en la época moderna, la unión de los círculos de hombres de letras y de la arquitectura de jardines tiene importancia decisiva, pues allí donde se encuentre, en consciente o inconsciente continuación de los humanistas florentinos, una corte dedicada a las musas, un estado de cortesanos ilustrados o un círculo burgués de hombres de letras, la arquitectura de jardines no puede estar muy lejos.

Ficino afirmaba que la filosofía debía realizar lo que, según la opinión de sus contemporáneos, ya Giotto había llevado a cabo con la pintura y Dante con la poesía. El platonismo es el concepto del mundo que, de hecho, domina en el Renacimiento; él es la filosofía hecha Renacimiento. El neoplatonismo de Ficino se convierte en la idea conductora, en la «potencia de la cultura europea» (Panofsky). El Platonismo tiende a una fusión de los sistemas teológico y filosófico cristiano. Como ya queda claro en el título de su *Teología Platónica*, su obra principal, Ficino intenta una reconciliación de la Escolástica con el Platonismo.

Más que un mero círculo de amigos, la Academia Florentina de Careggi fue desde el comienzo una comunidad de vida y de doctrina inspirada en las ideas de Platón. El Renacimiento de la Antigüedad se entendía allí sobre todo como una revitalización de las antiguas costumbres y formas de trato. Los momentos cumbre de la vida de la Academia fueron los «banquetes». Estos eran solemnes comidas de hombres de ciencias, en las que se invitaba a la villa, además de los miembros, a los hombres cultos de profesiones diversas. Cada 7 de noviembre, el día que se decía había nacido y muerto Platón, se celebraba en Careggi el «Symposium» sobre Platón, una mezcla de ágape y festival orientado a recrear solemnemente el modelo platónico. Ficino lo describe como sigue: «Terminada la comida, Bernardo Nuzzi tomó la obra de Platón, que lleva por título *El Banquete* o *Sobre el amor* y leyó todos los discursos pronunciados durante tal banquete. Concluido esto, rogó a los demás comensales que comentasen cada uno de estos de estos discursos, estando todos ellos de acuerdo en ello.»

No quedó todo en esta imitación, a diferencia de la Academia ateniense de Platón, la sucesora academia florentina de Ficinio pretendía ser un centro de formación interdisciplinar. El programa pedagógico estaba dirigido a todos sin limitaciones de edad, profesión o procedencia.

A través de la academia platónica quedó estructurado un programa que marcó decisivamente la arquitectura de jardines en la época moderna. Allí, y en cualquier época donde se construyan tales jardines artísticos, estos conservarán el espíritu del humanismo y de la filosofía neoplatónica. Desde entonces, los jardines tienen que ver más con el saber y la cultura que con el disfrute sensual de la naturaleza. El motivo fundamental es que, desde el Renacimiento, los jardines han pasado a ser objetos de arte más que una suerte de terreno cercado y vallado, en los que la finalidad es el lucro que el propietario pueda adquirir mediante la crianza de animales y el cultivo de hortalizas. A partir del Renacimiento, la arquitectura de jardines – como cualquier otra forma de arte – es independiente de su rentabilidad.

Las villas de los Medici según Utens

La evolución de los jardines de las villas toscanas que tuvo lugar a partir de mediados del siglo XV nos ha sido trasmitida mediante un ciclo de pinturas exclusivo: el pintor de origen flamenco Giusto Utens documentó, por encargo del archiduque Ferdinando I de' Medici, el inventario completo de las villas de la familia Medici.

Los cuadros fueron pintados para el salón de actos de la villa La Ferdinanda, construida por Buontalenti, y se adosaron a las cubiertas de la cúpula, lo que aclara su forma de luneta. Los 14 cuadros están recogidos actualmente en el Museo Storico Topográfico (Villa dell'Oriuolo 4) de Florencia.

Los 14 planos de las villas, que Utens pintó sobre el año 1598 desde una perspectiva aérea, proporcionan una vista impresionante e informativa, empezando por la Quinta Caffaggiolo, residencia de los Medici desde el siglo XIV, y llegando hasta la Villa Pratolino, un inmenso complejo de jardines de recreo empezada a construir por Buontalenti en 1570.

Aunque estas villas son ya renacentistas, todavía muestran un tipo de jardinería poco concreto. Los edificios administrativos contiguos, los establos, las plantaciones de frutales y los olivares, los campos y las praderas, declaran el aspecto financiero que las caracteriza. El terreno, más bien llano y sólo en raras ocasiones ligeramente ondulado, aparece mayormente cuadriculado y aparcelado. Los bancales están llenos de árboles frutales, a cuya sombra crecen algunas flores, hierbas y hortalizas. En estos jardines, la arquitectura pasa a un muy segundo plano. Sólo ya muy cerca de la casa empieza lo decorativo a adquirir un cierto relieve, como puede ser el *giardino segreti* (el jardín secreto), todo él cercado de un muro.

El desarrollo del jardín a partir de la villa

La arquitectura de jardines se desarrolla en la ciudad, aunque es en el campo donde puede ser contemplada. En la ciudad se sueña «el sueño del campo» como bello futuro y como contrapunto de la existencia urbana en palacio, ayuntamiento, iglesia o negocios. En el verano uno va de la ciudad al campo para hacer realidad los sueños de una «naturaleza libre». El sueño del campo existe desde que existen las ciudades, y desde la Antigüedad es una constante de la historia en la cultura occidental.

Fue en la villas de Italia donde primeramente, y de forma más reticente, este sueño fue adquiriendo forma. Siguiendo el antiguo modelo de la «villa rústica», se desarrolló en los siglos XIV y XV, primero en forma de edificaciones cerradas a modo de fortaleza, la villa renacentista, cuyo ideal y diseño marcarían la arquitectura de jardines hasta bien entrado el siglo XVIII.

La villa no significa desde el comienzo sólo la «casa del padrone», sino todas las posesiones del campo en las que se incluyen los terrenos dedicados a la agricultura, la factoría, los edificios de la hacienda – que albergan bodegas, almazaras, lugares de fermentación y almacenamiento – y el jardín. Ninguna quinta que careciese de un jardín o parque podía llamarse villa. La villa en Italia está unida tan estrechamente al jardín, que allí un parque sin quinta pasa por ser villa más que una quinta que carezca de jardín. Otra cosa es al norte de los Alpes, donde el concepto de villa tiene que ver con edificios habitables. Esta diferencia conceptual arroja luz sobre un cambio decisivo en la dirección en que se desarrolló la arquitectura de los jardines modernos. Si en el sur fue ante todo la unidad de casa y jardín lo que tenía valor, al norte de los Alpes se desarrolló cada vez una conjunción de jardín y paisaje, característica principal en los jardines paisajísticos del siglo XVIII en Inglaterra.

En Italia la villa pertenecía a ricos patricios, más tarde aristócratas, duques, condes, y también cardenales y papas. Ellos invertían por igual su fortuna en la villa, en la agricultura, en el jardín y en la casa. En el Renacimiento temprano y como particular característica de la Toscana, la villa constituía todavía una unidad; ella era un centro de producción agraria y, al mismo tiempo, un lugar de renovación espiritual y cultural. El «ideal del campo» comprendía ambas cosas: la agricultura y la inspiración espiritual. El deseo de los habitantes de la ciudad de poseer un trozo de tierra a las afueras de sus muros tenía que ver con antiguos modelos mediterráneos. Procurarse el alimento de su propia tierra y pasar allí una parte del verano, es algo que desde siempre ha constituido uno de los valores más cotizados de la vida. La peste en las ciudades hizo volar todavía más alto las ilusiones burguesas de la bella vida del campo y la decadencia del orden cristiano, que ya empezaba, favoreció la nueva importancia de las villas como lugares futuristas para la ansiada época dorada. La sustitución del monasterio, como núcleo de la cultura (cristiano-medieval), por las villas fue una incisión que marcó

Jardín de la *Palazzina Farnese*, Caprarola, Italia
Fuente en la zona de atrás del jardín, con mosaicos en forma de octágono

época. No es casual que la villa pertenezca a aquel tipo de instituciones en las que más claramente se manifiesta el Renacimiento italiano. Los más importantes arquitectos de los siglos XV y XVI como Brunelleschi, Michelozzo, Miguel Angel, Peruzzi, Bramante, Buontalenti, Vasari y Palladio, se dedicaron a la construcción de villas, contribuyendo con ello a que los ideales de Renacimiento se materializasen en esta forma arquitectónica.

Bajo el poder de los Medici de Florencia la construcción profana experimentó un poderoso auge en la Italia central. Los tiempos de paz permitieron que los palacios en la ciudad y poco más tarde las residencias en el campo pudiesen despojarse de su ceñudo aspecto de fortaleza y se abriesen al paisaje de su entorno, al mismo tiempo que se transformaba la relación sensitiva del hombre respecto a su medio ambiente. Un amor que llega hasta la veneración entusiasta del paisaje está atestiguado en muchas obras de arte de este tiempo.

Con esta evolución surgieron dos nuevas y fundamentales tareas en la construcción de los jardines: la anexión del jardín a la casa y la colocación de éste dentro del paisaje. Esto no constituía problema alguno en la Edad Media, donde lo deseable era retirarse y aislarse de un medio ambiente considerado hostil. El jardín era un recinto amurallado, el «hortus conclusus»: éste estaba aislado por igual de la vivienda y de la naturaleza. La unión de sectores arquitectónicamente

Jardín de la *Villa il Bosco di Fonte Lucente*, Fiesole, Italia

Arriates con vista a Florencia y al paisaje toscano

diferentes no era algo a lo que se tendiese, sino más bien a la separación y al orden que se pudiera captar con facilidad.

Desde el Renacimiento cambia esta temerosa y estrecha limitación: los altos muros caen, la casa se abre al jardín, y éste ofrece variadas vistas del pacífico paisaje a su alrededor. El jardín, entre la casa y el paisaje, se convierte en el tema de la moderna arquitectura de jardines. Estos tres elementos, y la relación entre ellos, determinarán, de aquí en adelante el desarrollo del jardín. Cómo se realizan en cada caso las relaciones de estos tres sectores entre sí, qué formas establece este juego, constituyen las cuestiones fundamentales del arte de los jardines.

Bajo el punto de vista de la relación casa-jardín-paisaje, la villa de los Medici es la primera villa auténtica del Renacimiento. Veinte años tras su regreso del destierro, Cosimo quiso proporcionarle a su hijo Giovanni, amante del arte e interesado en las Humanidades, un entorno situado sobre la más bella colina de Florencia en el que pudiera entregarse a sus estudios y aficiones con gozosa tranquilidad. Esta villa ya no era una quinta de defensa en medio de las posesiones que la rodeaban, sino un lugar del nuevo ideal del Renacimiento.

Ciertamente tenía que hacerse aquí realidad el renacer de la antigua villa, pero no sólo arquitectónicamente, sino, de forma más amplia, en un modo de vida y de pensar. Precisamente esta villa a la manera antigua, construida por Michelozzo

Jardín de la *Villa Giusti*, Verona, Italia

Agostino Giusti, un hombre culto y poderoso, construyó este magnífico jardín en la segunda mitad del siglo XVI.

Michelozzi entre 1458 y 1461, marcaría, de acuerdo con el carácter bifronte renacentista, el camino de la historia de los jardines de los dos siglos siguientes.

Los postulados de Alberti, según los cuales una villa tiene que estar situada en la falda de una montaña cerca de la ciudad y sus muros exteriores estar abiertos a la luz y al sol, se hicieron realidad por primera vez, y de forma ejemplar, en la villa Medici de Fiesole. Fue concebida de acuerdo con el paisaje y el clima, aunque no puede pasarse por alto un dominio arquitectónico del contorno. Jardines y casa están construidos propiamente en forma de terrazas a lo largo del empinado terreno. El logro revolucionario de Michelozzo reside en experimentar nuevas transiciones entre casa, jardín y paisaje. La galería se convierte aquí por primera vez en elemento fundamental de la villa y se sitúa en el centro de la fachada del jardín. Con esto se sustituye el patio interior sin relación alguna visible con el paisaje, lo usual hasta ese entonces. El jardín es ordenado aquí por primera vez a lo largo del edificio. El paso hacia el paisaje se realiza mediante una serie escalonada y rítmica de terrazas, balaustradas y escaleras. Desde estos jardines en terraza, originariamente jalonada de bancales colocados geométricamente y de abundantes fuentes, se ofrecen, todavía hoy, las más bellas vistas de los alrededores y de las cercanías de la ciudad de Florencia.

Giovanni de' Medici murió apenas dos años después de acabado el complejo. Tras la muerte de Cosimo al año siguiente (1464), la villa se convirtió en la residencia preferida de su nieto Lorenzo, que reunió en ella un círculo de humanistas. Pero a este mecenas enamorado del arte empezaron a seducirlo otras construcciones. Ya en 1479 había adquirido la finca Poggio a Cajano. Y si a la villa de Fiesole podía accederse rápidamente desde la ciudad, y, en ese sentido, era todavía suburbana, Poggio a Cajano (Poggio significa colina, elevación del terreno) estaba a unas horas de camino y situada en medio de una finca mayor en una pequeña elevación del terreno. El arquitecto Giuliano da Sangallo se enfrentaba aquí a otra tarea. La planta, sin embargo, parece inspirada por el precursor más familiar: el formato cuadrado, la logia-vestíbulo, la sala grande central y los cuatro salientes en ángulo. En Poggia a Cajano todo es más impetuoso y representativo. Si uno se acerca desde la calle florentina, lo primero que muestra la villa son los frentes salientes. A su lado se hallan las arcadas, en otro tiempo elevadas, sobre un pedestal de tres escalones. Estas forman galerías diferentes para cada posición solar, protegen los locales comerciales y ofrecen al edificio un pedestal óptico, por el que puede asomarse ampliamente al paisaje, al mismo tiempo que confeccionan una ancha terraza alrededor del «Piano Nobile». El edificio se halla aún hoy en una superficie regular separada por unos muros de los jardines que lo rodean. Las esquinas están acentuadas mediante pabellones en forma de torre. La plaza entre el portalón de entrada y la villa se utilizaba para recepciones y fiestas al aire libre, por lo que sólo se plantó en ella césped. Paralelos a las galerías se extienden bancales geométricos por tres lados del edificio. El jardín propiamente de recreo con pérgolas, fuentes y con un octágono en el centro, se encuentra sin relación axial alguna con el edificio. Las partes individuales están aquí generalmente ordenadas entre sí más bien de forma aditiva.

El siguiente momento en la evolución de este complejo se terminó apenas diez años más tarde en Nápoles cuando el aspirante napolitano a la corona, Alfonso de Aragón, encargó al arquitecto florentino Giuliano da Majano la construcción de dos palacios de recreo. Tanto el pequeño de La Ducchesca como el legendario de Poggio Reale poseían magníficos jardines, hoy ambos destruidos.

Poggio Reale había sido pensado también como lugar de recreo, y el clima del Golfo de Nápoles permitía permanecer al aire libre hasta bien entrada la noche. Los opulentos banquetes de los reyes y virreyes, Carlos VIII, Carlos V o Juan de Austria encontraron aquí un marco insuperable. En estas fiestas se representaban comedias y poetas como Pontano y Giuliano de Scorciatis recitaban sus poemas. En mitad del edificio había un elegante patio interior al que se bajaba mediante tres escalones resultando así una suerte de anfiteatro rectangular. Este teatro al aire libre era a la vez el salón de actos de la villa. A un gesto de Alfonso se elevaban de pequeños surtidores bajo el suelo numerosos chorros de agua que humedecían a los invitados mientras comían hasta que, finalmente, todo el estanque quedaba sumergido bajo el agua. Este escenario así sumergido tuvo sus precursores en los antiguos jardines y en la Alhambra.

Sólo tras las cuidadosas pesquisas del historiador de arte Christoph Luitpold Frommel se ha logrado en los últimos años adquirir una impresión de lo que pudieron ser esos jardines de otras épocas. Para la historia de su desarrollo es también decisivo el saber cómo resolvieron los nuevos problemas de construcción que presentaba el paso de la casa al jardín.

Al abandonar el palacio por el portal posterior, uno se encontraba primeramente con una antesala abierta, limitada lateralmente por dos galerías de cinco ejes cada una. En el centro existía otro estanque de agua, alimentado desde el jardín de atrás, más elevado. Esta terraza estaba rodeada de muros en los que se habían practicado nichos para las estatuas. En medio de una pérgola de naranjas al lado derecho se encontraba otra logia de elegantes arcadas con un balcón que sobresalía sobre un estanque de peces colocado más abajo. Una hilera de árboles en la ribera de enfrente cerraba el geométrico complejo ajardinado.

Hacia el palacio se iban uniendo más bancales y detrás de la casa debió existir un «corso», unas instalaciones para los torneos hípicos, que recuerda a los antiguos hipódromos. Junto a estos complejos rigurosamente geométricos, que se ordenaban en un extenso rectángulo, existían amplias plantaciones de árboles frutales con aceitunas, higos, peras, dátiles, manzanas y granadas, bosquecillos de laureles y naranjos, viñedos con uvas seleccionadas, jardines de especias como romero, orégano y salvia; una rosaleda, y, por fin, un parque de animales y un extenso coto de caza. Hasta su caída, en 1494, Alfonso había ido aumentando constantemente sus posesiones mediante una desvergonzada expropiación de los terrenos colindantes, de forma que los jardines y parques en su extensión acabaron llegando hasta el mar.

Queda clara la relación entre Poggio a Cajano y Poggio Reale: ambas son variaciones del tipo de villa renacentista derivada del castillo de cuatro torres. Si el palacio urbano estaba sometido a la calle, la quinta tenía que imponerse sola en medio del terreno. La fuerte formación de resaltos en la villa tuvo dos tareas a resolver: la de estructurar, por una parte, las fachadas hacia una nueva corporeidad y, por la otra, corresponder así a la situación de la villa en la falda de una colina que la hacía más visible. La revalorización del paisaje halló en conjunto la expresión adecuada en la arquitectura de las villas. No aislamiento, sino apertura y adaptación, rezaba el principio arquitectónico. Pero el resalto en ángulo sobresaliendo en el paisaje le dan al edificio no sólo una visión más plástica, sino que sirven también para encuadrar la vista. La nueva e igualitaria relación del cuerpo del edificio con su entorno, como proclaman los resaltos en Poggio Reale, puede observarse también en los complejos ajardinados. El gran eje longitudinal se convierte en la magnitud decisiva a la hora de unificar el interior y el exterior. El constituye el primer paso para la continuidad espacial y lleva, finalmente, al concepto de unidad entre la casa y el jardín.

Si la arquitectura florentina es capaz de realizar en sólo cincuenta años la transformación del castillo medieval en un tipo ya muy evolucionado de villa, el desarrollo en Roma no es tan consecuente y obedece más a influencias de fuera. Pero también aquí se llega a un monstruoso incremento arquitectónico, cuando numerosos artistas florentinos, entre los que se cuentan Alberti, Miguel Angel y Vasari, empiezan a trabajar en Roma. Tras la vuelta de los Papas de Avignon, Roma se convierte cada vez más en el centro del cambio. El patio de Belvedere hecho por Bramante en el Vaticano, iniciado en 1530, representa en muchos aspectos la síntesis de los logros conseguidos en el siglo anterior respecto al dominio del espacio. En la conjunción de un patio con un jardín elevado, diseñado a lo largo y rodeado de galerías, se enlaza directamente con Poggio Reale. La función unificadora del eje longitudinal es parte dominante en Belvedere. El resultado de las pretensiones de la propiedad rural es lo que se manifiesta en Roma en la arquitectura de espacios libres independiente y monumental.

El jardín como paisaje ideal

por Torsten Olaf Enge

I. Despedida del Paraíso

Con la historia ocurre lo mismo que con un gran bosque salvaje: para que un observador, un paseante, un amante de la naturaleza no se encuentre con una maleza compacta y un barullo casi infranqueable de casualidades aparentemente caprichosas, aquél necesita de la fuerza y de los esfuerzos de un espíritu cultivado. Hay que abrir caminos, alamedas y veredas, disponer claros y espacios libres si las cosas tienen que combinar unas con otras y, en su caso, constituir perspectivas más trascendentes. Jardines ha habido siempre: con los asirios, bajo semíramis, con los griegos, en la Edad Media y los hay hoy en día. La historia no podrá demostrar nunca que en el Renacimiento y en el Barroco surgió algo totalmente nuevo que jamás había existido antes. Para ella hay siempre un antes y un después. Que repentinamente surja una idea y que – a pesar de todas las reminiscencias y préstamos – esa idea transfigure la realidad de una forma innovativa, conforme a su propia esencia, es para el bosque teme que sus laberintos peligren algo tan monstruoso como para una historia basada en la continuidad. Si se quiere pasear tranquilamente por el jardín del pasado, el bosque tiene que renunciar a sus árboles. Y entre ellos pudiera haber muchos árboles que fuesen sus ejemplares más hermosos.

Pequeño templo en el jardín de *Trianon*, Versalles, Francia

Una postura tal puede parecer a algunos contemporáneos una forma superior de rudeza racionalista. En épocas en las que un árbol tiene una grandeza casi sagrada, cualquier intervención en la naturaleza responde a un proceder que sólo puede justificarse si es para ayudarla a que sea, de forma más intensa y pura, ella misma – entendiendo esto como algo contrapuesto a los planes e intervenciones del hombre y dejándola vivir por sí misma. La tala de árboles sanos y el corte de setos y matorrales para servir al arte es para tal concepción de la naturaleza como una desviación apenas imaginable del espíritu. ¿Cómo puede ser posible, entonces, que uno se mueva hoy por un jardín barroco sin sentir al mismo tiempo dolor y desprecio?

Hay dos caminos, uno de ellos más obvio y el que se suele elegir más a menudo: de lo pasado sólo se observa lo presente y de la naturaleza se disfruta lo que corresponde, en su apariencia más fuera de lugar, a nuestras propias ideas, como son tanto la magnificiencia de los bancales, la multiplicidad de los colores, los soberbios árboles, como los extensos paseos al aire libre y con la ciudad a nuestra espalda, allá a lo lejos. El jardín de paisajes de los siglos XVII y XVIII se convierte así en parque público en el que una subjetividad con ansias de libertad intenta zafarse de las presiones de una civilización dominada por la técnica. Debido a su estructura esencialmente burguesa, esta subjetividad tiene la posibilidad de combinar la sobriedad de los jardines barrocos con el propio sentido del orden. Pero lo verdaderamente admirable en los jardines ingleses es que la apariencia de naturalidad hace que nos olvidemos del cálculo de la composición y uno se pueda entregar, sin que le remuerda la conciencia, a una sensación de autenticidad. Pero es especialmente en aquellas partes del bosque más grandes, más allá de todas las vistas y perspectivas, cuando el sujeto se encuentra consigo mismo. El hombre de nuestros días se siente allí inmerso en un sitio donde no puede ser

Eremitage, Bayreuth, Alemania
Alameda

observado. Se siente fuera de toda vigilancia y abandonado a sí mismo, con una vegetación ante los ojos que se comporta indiferente frente a él.

El segundo camino no es tan directo. El no intenta esquivar la historia, aunque en verdad, tampoco está dispuesto a desarrollar el ser de las ideas fuera de su circunstancia histórica. Ambas premisas apenas si pueden soportarse una a la otra. La contradicción está en la exigencia de tener que reconocer un punto de referencia en el pasado y, a pesar de ello, querer seguir siendo ahistórico. Uno no se aleja de la historia tan fácilmente como cree, aunque tampoco es esto lo que estamos tratando aquí. La ingenuidad del primer camino está, precisamente, en suponer que uno puede acceder sin mayor esfuerzo a los jardines del Renacimiento y del Barroco. Su certeza le viene dada por el convencimiento de que el bosque es el bosque, independiente del cuándo o del dónde. Debe desconfiarse aquí de tales tautologías, ya que ellas se liberan de su tiempo sólo en apariencia. Al emplear una pretendida validez universal no advierten que se les escapa la idea del propio presente. «Ahistoricismo» no hay que confundirlo con «indefinición». Las ideas no son fórmulas vacías superiores o dichos biensonantes, sino formas concretas del ser que deben ser pensadas exactamente y diferenciadas entre sí. Por eso la primera concesión del segundo camino: el bosque *no* es el bosque, un árbol *no* es un árbol, la naturaleza no es ningún prototipo eterno de una objetividad viviendo de sí misma, que se enfrenta al sujeto en todo tiempo.

La negación es, pues, en primer lugar, lo que lleva el consumo irreflexivo del pasado a una situación de detenimiento. Es, no importa la sencillez de sus apariencias, un paso importante que no lo salva a uno de enterrarse en observaciones meramente «históricas». Si se quiere localizar el nacimiento de una idea, tienen que superarse esas consideraciones, en principio formales, ponerse a sí mismo al nivel de las ideas y dejar que éstas se pongan a competir unas con otras. Para formar la buscada idea del surgimiento del jardín renacentista hay que acercarse por dos caminos, pues tiene un comportamiento idéntico a la geometría. El punto sobre una recta puede alcanzarse por los dos lados. En nuestro caso, la recta es la linealidad del tiempo, la historia. Pero así como el punto nunca forma parte de la recta, tampoco la idea es una parte de la historia. Una idea sólo puede concretarse mediante otra idea. De esa forma, ella se vuelve «clara» e «inteligible». Sin embargo, sólo al diferenciarse sobre la recta del tiempo hacia los dos lados adquiere su dimensión ahistórica-temporal.

La denominación «despedida del Paraíso» intenta llamar la atención sobre este doble acercamiento. Este no debe ocurrir sólo desde el pasado y, por tanto, históricamente, sino también a partir del presente. Sólo así se hace visible lo ahistórico de la idea. Una de las muchas y posibles ideas respecto al Paraíso ya fue aludida más arriba. Es el «bosque», el «parque», el «paisaje» considerado como lugar ideal de la recreación subjetiva, es decir, la naturaleza. La fotografía es quizás el medio más idóneo para expresar esta idea, pues en ella se trata menos del ser que de la representación de la situación paradisíaca. La imaginación no necesita de modelos reales para estar activa. Ella se conforma con estímulos puntuales, si estos influyen «llamativamente» de manera variada. Esto lo proporciona la fotografía mejor que ningún cuadro moderno, pues es capaz de reunir en un cuadro, de forma muy cercana a la realidad, concepciones ideales como el sol, el verde, la libertad y la naturalidad.

Junto a esta cara estética, que considera el Paraíso como un estado de felicidad general, el presente, quiérase o no marcado por la burguesía, realiza una idealización de la individualidad, en la que no sólo puede contemplar la naturaleza, sino también a sí misma en particular: es el «jardín» en su doble función de jardín de adorno y de cultivo. La «persona» idealmente realizada en la sociedad burguesa no fue, en ningún caso, el individuo, sino la familia (cfr. Hegel, *Filosofía del derecho*, párrafo 158 ss.), así que también la «casa» rodeada de un jardín es, en primer lugar, la casa de una familia y sirve de representación de una compleja unidad. Este autodesarrollo tiene dos caras: en primer lugar, la que representa el paso hacia la sociabilidad, y como tal el tener que representar, competir, tomarse a sí mismo como algo especial, y al mismo tiempo integrarse, comunicarse con otros jardines, y sin embargo mantenerse como zona protegida. La segunda cara no es tan demostrable. Ella tiene lugar, la mayoría de las veces, en una zona particular detrás de la casa, como son la «explotación» del jardín, la siembra de hortalizas y hierbas, la instalación de invernaderos para el bienestar y el mantenimiento de la familia.

«Jardín», «parque» y «bosque» representan también en nuestra época el ideal de lo bello, de lo natural y de lo sano. Es aconsejable hacer presente la fantasía cuanto más detalladamente posible mejor, si se quiere uno acercar a la idea de jardín y de paisaje en su autonomía renacentista y barroca.

En otro orden de cosas, las imágenes del «Paraíso» nos revelan lo que éste representaba para la baja Edad Media. Si nos preguntamos por su origen, tenemos que recurrir al Jardín del Edén del Antiguo Testamento. Este posee una grandeza superior que lo hace válido para cualquier época. En los siglos XIV y XV hasta Miguel Angel, existe sin embargo una caracterización más exacta de una zona ajardinada prototípica: el «paraíso terrenal», que Dante describe en el Canto 27 del Purgatorio de su *Divina Comedia*. Tan pronto como el poeta, que se eleva hacia las esferas celestes, se adentra en el sagrado jardín, quedan separados para él los dos mundos. Virgilio, que lo había acompañado hasta aquí, lo abandona porque el hombre que ha llegado hasta allí se vuelve, tanto en en el aspecto mundano-corporal como en el espiritual, libre y dueño de sí. El ya no necesita ningún emperador, ningún papa, ni tampoco poeta antiguo alguno que responda por él. Para simbolizar este estado de autonomía mundana, Virgilio le coloca a Dante tanto la corona como la mitra:

> Non aspettar mio dir piú né mio cenno:
> libero, dritto e sano e tuo arbitrio,
> e fallo fòra non fare a suo senno;
> perch'io te sopra te corono e mitrio.

Los círculos infernales han sido superados definitivamente. El cuerpo ha concluido su purificación de los pecados de soberbia, de envidia, de gula y de lujuria. El paraíso terrenal se convierte así en el jardín de la inspiración y de la elevación, un lugar para unos pocos, es decir, para los elegidos por la Divina Providencia. La idealidad es fácil de contemplar en este *locus amoenus*. Todavá más difícil es no pasar por alto la «naturalidad» de este jardín paradisíaco. Dante no se esfuerza en modo alguno en la descripción de un mundo lejano, del más allá, sino que, palabra por palabra, permanece en el terreno de la naturaleza:

> Deseo encontrar dentro y fuera
> la divina floresta, espesa y viva,
> que templaba para los ojos el nuevo día;
> sin esperar más dejé la orilla
> tomando la campiña a paso lento;
> sobre el suelo con olor por todas partes.
> Un aura dulce, invariable,
> me acariciaba la frente,
> no con más intensidad que un viento suave,

Jardín de la *Villa Garzoni*, Collodi, Italia
Vista del laberinto

por el que las frondas, temblando dócilmente,
todas se inclinaban a la parte
de la primera sombra que arroja el monte sagrado;
no tanto, sin embargo, que los pajarillos
sobre las copas de los árboles
dejaran de operar con todo su arte
(*Purgatorium*, Canto XXVIII)

Bosque, hojas ruidosas, pájaros que trinan, un suave viento y lugares sombreados conforman este ambiente. Dos arroyos, llamados *Leteo* y *Eunoia*, lo recorren. Por uno el recién llegado deja atrás todo lo pasado y lo que no corresponde a las exigencias del jardín; por el otro, adquiere el verdadero sentido de lo bueno. Este jardín tampoco ha sido concebido sin una casa central en la que todo mantiene su valor y significado: la iglesia en su forma simbólica y altamente mundana de un carro triunfal en movimiento.

Los habitantes de este paraíso terrenal han sido representados de muchas maneras en la pintura de los siglos XIV y XV. En primer lugar, la Sagrada Familia con su corte, Santa Ana o San Juan; después los santos de la Iglesia y, por último, personalidades individuales destacadas: nobles, comerciantes, mecenas. El paisaje en el que se mueven se asemeja, de manera cada vez más lograda, al de Toscana y Umbría y transforma, al mismo tiempo, este mundo conocido en un lugar de perfección construido según principios arquitectónicos rígidos. El resultado es

Jardín de la *Villa Aldobrandini*,
Frascati, Italia
Jardín con vistas a la villa

una «naturalidad idealizada». En esto se ha visto repetidamente la ruptura con la Edad Media y el inicio de la Edad Moderna. Pero no hay que engañarse: a la naturaleza, tal como se representó hasta Prugino, Rafael y Leonardo, le falta totalmente la espontaneidad y la autonomía. Ella sigue siendo una naturaleza creada por Dios en la que el hombre no es más que un elegido que merece vivir en ella. El jardín como paisaje idealizado es una construcción jerárquica, en la que el individuo tiene acceso sólo a través de un camino sin fin, como es el caso de Dante camino hacia Beatriz. Los relieves de Rafael pueden interpretarse sin dificultad como una fiel ilustración de la *Divina Comedia*. Por ello, es del todo consecuente que Rafael coloque a Dante no sólo en el Parnaso, sino que lo integre por encima de eso en el triunfo de la Teología, pues se esconde allí el marco desde el que pueden justificarse los selectivos procesos purificadores que determinan que la colina elísea de las artes y la escuela de Atenas sean cumbres de un cosmos ordenado elitístamente esférico.

De una manera muy parecida es como hay que entender la idea de los jardines italianos en los palacios y villas del siglo XV. Se trata de lugares de retiro muy cultivados sustentados por una formación y una selección espiritual, por una educación y una imagen elitista del ser humano, en los que quedan atrás muchas cosas del mundo y en los que la esencia del hombre es preparada hacia una forma de ser superior. La familia de los Medici y la Academia Florentina son fenómenos característicos de esta fase final de la Edad Media.

La ruptura propiamentre dicha tiene lugar con Brunelleschi, y ello en el campo de la pura arquitectura y no en campos aplicados, como en la arquitectura de jardines. Sólo más tarde le seguirá la pintura. Tampoco Alberti puede ser considerado como un renovador respecto a la idea del jardín. Sus manifestaciones, más bien escasas, sobre jardines en su obra teórica titulada *Diez libros sobre arquitectura* sigue anclada en la Edad Media y sólo en aspectos poco importantes superan a Plinio y a los antiguos modelos. La vuelta a la Antigüedad no es todavía señal de un nuevo comienzo. La construcción de la *Divina Comedia* se desplomaría en el horizonte espiritual de la antigua Roma, de su historia, de su literatura y, lo que no podría sospecharse en un mundo ya cristianizado, de su mitología.

Sólo Bramante consigue transmitir el nuevo impulso a la arquitectura de jardines. El *Patio de Belvedere* es una obra maestra alabada muchas veces por sus contemporáneos. Desgraciadamente no es mucho lo que de él ha llegado hasta nosotros. Contemplando los viejos grabados y dibujos no puede uno imaginarse por qué precisamente este «Cortile» ha podido ejercer tal influencia en el desarrollo de la arquitectura de jardines.

Los trabajos de Bramante, que cosecharon no sólo alabanzas sino también fuertes críticas, únicamente pueden medirse si se comparan con la remodelación de San Pedro ocurrida por esos años. En 1503 comienza el complejo de jardines y en 1506 la nueva construcción de la Basílica. No puede acabar ninguno de los dos trabajos, pues muere en 1514, pero sus bocetos y principios han marcado la dirección. A mediados del siglo XV, el Papa Nicolás V fue el primero que tomó en sus manos la modernización y, en parte, la renovación de la iglesia de cinco naves que data del siglo IV. Cincuenta años después de su muerte, Julio II retomó de nuevo el proyecto y mandó construir una completamente nueva, en la que el mausoleo encomendado a Miguel Angel adquiriría un puesto central. La decisión de Bramante de derribar las edificaciones con todos sus altares, tumbas y columnas cargadas de tradición, sin una necesidad real para ello, fue calificado no sólo por Miguel Angel, sino por por muchos otros como un acto de barbarie. Cuando en 1512 llegó Lutero a Roma sólo quedaban unos restos del honorable edificio que, a la vista de los imponentes pilares de intersección de la nueva construcción, ya erigidos por entonces, fueron demolidos.

El San Pedro antiguo tenía como todas las grandes basílicas un atrio que precedía al portal de entrada, una especie de prepatio o jardín dotado de una fuente, en el que se daba a los asistentes a la iglesia la posibilidad de reunirse y purificarse antes de entrar en la iglesia misma. En las múltiples funciones de tal atrio estaba implícita la idea central del jardín medieval como zona de acceso a la casa de Dios. La base de San Pedro fue concebida por Bramante en forma de cruz griega, sin atrio, sin nave central rectangular, inundada de luz, por igual en todos sus laterales y con una gran plaza pública en la entrada lateral. La idea del jardín la desligó de la iglesia y la trasladó a la esfera mundana, privada, por decirlo así, del Papa. Sólo teniendo en cuenta estas referencia aparece lo novedoso de Belvedere. Iglesia y vida mundana se separan y el jardín ya no es un pre-espacio del más allá superior, como lo terrestre representaba en Dante el escalón anterior al paraíso celeste. El Belvedere mismo es expresión del ser superior. Ya no se es conducido por él sino exhortado a detenerse en él como lugar ideal.

La dimensión que se necesita para ajustarse a una exigencia así reside única y exclusivamente en el arte; en un arte, sin duda, que ya no va unido a la Iglesia y a la religión. Julio II había instalado en la villa de Belvedere su inmensa colección de esculturas antiguas y modernas. Al enlazar conscientemente, por medio del *Cortile*, el palacio particular del Papa con esta villa, Bramante erige, con ayuda del arte, un contrapeso tal a la esfera eclesiástica, con la que limitaba inmediatamente, que destituye al Papa como individuo y como señor de un espacio ya independiente de la religión. Los contemporáneos comprendieron esto con claridad. Aquí residen los motivos de la vehemente crítica y de la posterior reforma del patio orientada a poner término a las actividades mundanas.

Puestos ya en esta «dimensión del arte» no hay que pensar sólamente en la colección de la villa, pues tales colecciones de antigüedades ya habían existido antes. Mucho más decisivo es el mismo diseño arquitectónico del Cortile, que desarrolla una fuerza propia. Bramante cierra el patio completamente mediante una arquitectura de varios pisos de arcadas y galerías. El jardín se convierte en

Belvedere, Roma, Italia
Grabado de Stefano Pera

una unidad independiente y cerrada en sí misma. Bramante destaca este aspecto ínfimo al dirigir la atención del observador hacia el jardín desde todos los lados, pero en especial desde el anfiteatro del lado del palacio y, frente a él, desde la galería de la arquitectura exedra – y nunca a un plano más allá de él. Esta unidad encerrada en sí misma ha quedado como prototipo de la arquitectura italiana de jardines del siglo XVI, aunque no siempre fue conservada en toda su pureza. El sencillo clasicismo del Cortile le pareció a muchos historiadores una revitalización de la tradición romana. Nadie podrá discutir las reminiscencias del culto a Fortuna o de la arquitectura del hipódromo de los romanos. La idea concreta de unidad individual no se puede encontrar en ésta o en otra cualquiera de las formas modernas en ningún edificio de la Antigüedad.

Esta tesis se hace inteligible sólo si se tiene ante los ojos los logros más importantes del patio de Belvedere, que lo distinguen de todas las imitaciones de lo modelos antiguos, y que consiste en la desmembración interna tripartita de todo el complejo en una extensa plaza de celebraciones y torneos, una terraza entre medias y una amplia extensión frente a la villa. No se trata aquí de una estructura meramente formal, sino que Bramante asigna a cada nivel contenidos concretos: el «arte» de los planos superiores y la «habilidad» de los inferiores. La terraza situada entre ambas no tiene contenido alguno, sino que señala más bien que los niveles del arte y de las competiciones no se relacionan directamente entre sí, sino que necesitan de una instancia mediadora. Mediar no significa, sin embargo, sólo unir, sino precisamente separar y mantener a distancia. Esta doble tarea tiene que ser realizada por el plano medio. Si se quiere puntualizar más el contenido ideológico de este orden llegamos al sentido de los jardines en terrazas organizados a tres niveles:

1. Espíritu (aquí en forma de arte) y cuerpo (lo físico, como el mundo de los torneos y de las fiestas) no acceden a unirse. Ellos pertenecen sin duda a un todo que abarca a ambos, pero no se mezclan en una indiferenciabilidad amorfa.

2. No hay una igualdad entre ambos; el espíritu está sobre el cuerpo, una decisión de la Epoca Moderna. Bramante de ningún modo cae por ello en la antigua jerarquía: el cuerpo y el espíritu están separados entre sí como pura disyunción, más allá de los cuales no existe nivel alguno. La cuestión del dominio tiene que ver con unos principios, no con un orden.

3. Entre *cuerpo* y *espíritu* tiene lugar un proceso comunicativo que constituye un nivel propio de realidad. Bramante expresa de forma arquitectónica el carácter de este proceso mediante la introducción de escaleras. Una gran escalera lleva desde el nivel de los torneos al plano medio. Desde allí parte hacia arriba, hacia el plano del arte, una imponente rampa en dos partes. El ímpetu físico tiene que llegar para alcanzar la altura primera. Quiere subir aún más arriba, entonces tiene que quebrarlo y hacerse ayudar por otras fuentes de energía.

Aquí surge de nuevo del atrio de la Basílica un elemento muy importante, que Bramante aleja del contexto eclesiástico y dispone nuevamente en forma muy mundana, y son las *fuentes* y el *agua*. En un jardín moderno el agua no sirve para la purificación y para la preparación de un acto trascendente, sino que representa – según su contenido ideológico – el proceso del mundo interior, del inmanente a la propia personalidad, incluso, que es el que unifica el cuerpo y el espíritu. El agua encuentra primeramente en las fuentes de los nichos centrales de la rampa, al que pugna por ascender hasta el plano del arte y si éste se decide a continuar el camino, el agua lo acompaña en forma de pequeñas fuentes distribuidas en la pared de revestimiento de la rampa. Con esto ya se ha hecho la mitad del trabajo. Sin embargo, Bramante sabe que el principio de la fuerza que purifica lo físico no se encuentra en el proceso mismo, o, arquitectónicamente hablando, no se encuentra en el agua, sino en el espíritu. Por ello sitúa una fuente enorme y sola en el centro del terreno superior. El agua misma se vuelve allí materia: se reúne en un pesado recipiente y deja el camino libre para la meta de la subida: las bellezas de Belvedere.

El primer jardín moderno no tiene nada en común con el paraíso terrenal de Dante. Allí no rumorean los árboles, ni pían los pájaros, no pasa ningún Leteo, ni espera Beatriz alguna. A la Iglesia se la ha sacado decididamente fuera del jardín y, en su lugar, éste está dominado por el arte y por un papa totalmente poseído por el poder mundano. A partir de aquí, ningún camino conduce a las esferas celestes. Toda ascensión o descenso tiene lugar en su interior; es siempre el mismo proceso idéntico, no importa que éste sea llevado a cabo por Julio II, Nicolás Maquiavelo o un visitante cualquiera del jardín.

Jardín de la *Villa il Bosco di Fonte Lucente*, Fiesole, Italia

ILUSTRACION PAGINA 40:
Entrada a la cueva de los espejos y de la gran máscara del jardín de la Villa Giusti Verona, Italia

Jardines del Renacimiento y del Manierismo

Jardín de la VILLA D'ESTE
Tívoli · Italia

Nombrado gobernador, tras haber fracasado en su elección a Papa, el cardenal Ippolito d'Este inició en 1550 la construcción de su sede de gobierno. El hijo de Lucrecia Borgia, para el que el antiguo monasterio de benedictinos no era suficientemente bueno, encomendó al artista renacentista Pirro Ligorio los planos para que fuese reformado. El plano, que contemplaba el jardín como parte complementaria e integral de la casa, estaba orientado a un concepto arquitectónico basado principalmente en las leyes de la geometría y de la perspectiva. El jardín se distribuye en tres partes bien diferenciadas: una inferior y llana, y dos que ascienden en terrazas hacia la villa. Su forma fundamental, que se repite en muchos otros detalles, es cuadrada.

En la ejecución de los trabajos, el arquitecto G. Alberto Galvani se enfrentó a no pocas dificultades, como el tener que derribar toda una parte de la ciudad de Tívoli para hacer sitio a todo el complejo. Además, por motivos climáticos, debido a que el jardín tenía también que situarse al norte, hubo que construir unos cimientos para una gran parte de él, pues el paso montañoso sobre el que se asienta el complejo está orientado al noroeste. Al contrario de lo que se hace hoy, antiguamente se entraba al jardín no desde arriba, por la villa, sino a través de una puerta de entrada bordeada por dos fuentes situadas en la parte inferior. Como puede verse en un antiguo grabado, allí había también cenadores y un anfiteatro con estatuas que simbolizaban las artes liberales. Al estar en primer plano, familiarizaban al visitante ya desde el comienzo de su paseo hacia la villa con el concepto de la vida y con el espíritu de su dueño, un auténtico gran señor renacentista.

Dos caminos con pérgolas construidos en forma de cruz dividían la región superior, a la que se entraba primeramente, en cuatro cuadrados regulares. Pequeños pabellones invitaban a la contemplación de bancales de flores y de

Alameda de las Cien Fuentes
Grabado de Venturini

hierbas medicinales. En el cruce, allí donde antes había un quiosco de madera, hay hoy una rotonda con los cipreses seguramente más viejos de Italia. Este complejo tenía que haber sido rodeado a cada lado por sendos laberintos de setos cuadrados y siempre verdes. Pero sólo fueron realizados los del suroeste. Filas de árboles cierran estos espacios hacia el exterior, así como estanques de

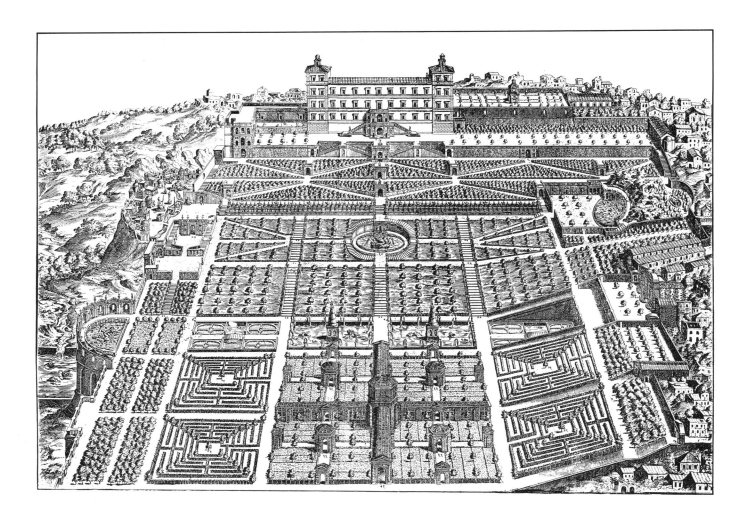

Vista panorámica idealizada de la Villa d'Este, siglo XVI
Grabado de Dupérac

peces lo hacen hacia la villa. De los cuatro que había sido planeados sólo llegaron a construirse tres. Por el lado del valle, una terraza panorámica en forma de exaedro, de la que sólo se tiene noticia por el plano, tenía que acentuar este primer eje transversal que separa el jardín inferior del superior. En el lado de enfrente, el de la montaña, el famoso órgano hidráulico sirve para destacar la intención de toda la composición. Por medios mecánicos, como es el aire empujado por las cascadas de agua que caen, se hacía sonar a este artístico ingenio automático al mismo tiempo que se ponían en movimiento unas figuras.

Su correspondiencia es la Fuente de los Pájaros y de las Lechuzas, situada un poco más cerca de la villa por el lado del jardín que da a la montaña. Tres escaleras colocadas en paralelo y adornadas con juegos de agua prolongan el camino hacia la villa en tres etapas. En la segunda se divide la escalera hacia su mitad y rodea el estanque oval de la Fuente del Dragón, que había sido pensada como el centro iconológico del jardín. El segundo eje transversal principal está constituido por la Alameda de las Cien Fuentes. Sobre una longitud de cerca de 150 metros, el agua que brota aquí de pétreos obeliscos, águilas y lirios riega un canal en forma de artesa, desde donde, a través de pequeñas cabezas de quimeras, salta a un segundo canal situado más abajo. Otros detalles notables del camino a la villa son las Fuentes de Ovato, un conjunto de rocas artificiales con grutas y esculturas alegóricas, y la Fontana Rometta, una reproducción en miniatura de la antigua Roma.

El complejo de jardines de la Villa d'Este, decididamente marcado por el espíritu clásico romano y caracterizado por su tendencia a la monumentalidad a través de sus juegos de agua y por una predilección por los monumentos en piedra, se diferencia claramente de los jardines de las villas toscanas.

ILUSTRACIONES SUPERIORES:
Fuente de Ovato

ILUSTRACION PAGINA DE ENFRENTE:
Fuente de la Naturaleza

ILUSTRACION PAGINAS 48–49:
Fuente de los Dragones o de la Rueda de Fuego

ILUSTRACION PAGINA DE ENFRENTE:
Fuente de Neptuno y órgano hidráulico

ILUSTRACION DE LA DERECHA:
Cabeza de quimera de la Alameda de las Cien Fuentes

ILUSTRACION INFERIOR:
Alameda de las Cien Fuentes

Jardín de la PALAZZINA FARNESE
Caprarola · Italia

Hacia 1540, Giacomo Barozzi da Vignola, el principal arquitecto de Roma tras la muerte de Miguel Angel, inició la construcción de la residencia familiar del cardenal Alejandro Farnesio, situada no lejos de Bomarzo, a las afueras de la pequeña ciudad de Caprarola en Viterbo. Esta era la primera obra importante de Vignola, para la que diseñó probablemente también el jardín. Este jardín estuvo olvidado durante largo tiempo, siendo restaurado hace pocos años sin grandes medios, con lo que el visitante puede experimentar todavía en él la pátina del pasado.

A esta villa en forma de fortaleza, que es un pentágono con las esquinas hacia afuera, están adosadas, como los dos trazos de una Y, dos arriates, a la altura de la planta baja rodeados de altos muros. Estos están situados a la altura del primer piso y sólo desde allí puede accederse a ellos a través de dos puentes. En su eje principal se hallan varias grutas como remate, separadas de la casa por medio de una profunda fosa. No es mucho lo que se conserva hoy día de estos jardines diseñados al gusto medieval, tanto de los bancales de frutales, entonces situados entre altos bojes, ni de las alamedas que se entrecruzaban por encima en forma de bóveda y en cuyo centro brotaban fuentes de agua.

El jardín, que todavía hoy merece la pena ser visitado, pertenece a la Palazzina, una suerte de residencia íntima y particular que el Cardenal Farnese mandó construir por encima del palacio con el fin de poder estar en él de vez en cuando sin ser molestado. La Palazzina, que posee su propio jardín, constituye una unidad arquitectónica independiente a la que se puede acceder desde la villa a

Final del jardín en forma de exedra

través de imponentes castaños, cedros y pinos albares, hoy en estado completamente silvestre. Anexa a estos viejos y altos árboles existe una extensión de césped, de forma cuadrada, y un estanque circular con un surtidor de agua.

Entre los muros de piedra de dos túneles toscos y macizos en forma de gruta discurre una ancha escalera que sube al palacete. En su mitad está dividida por una pequeña cascada, detenida mediante un grupo de piedras insertadas unas con otras en forma de cadena.

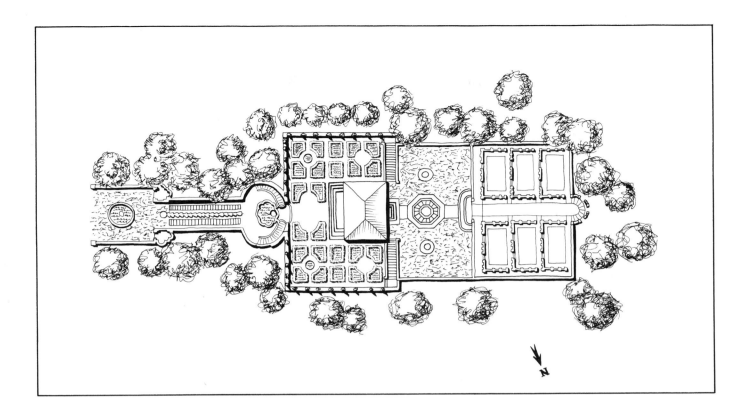

Plano de todo el conjunto

Por la parte superior de la escalera se pasa a un espacio ajardinado oval y con un diseño marcadamente armónico, que concluye en un gran estanque en forma de concha, alimentado por un gigantesco y rebosante cáliz de piedra. A derecha e izquierda se hallan dos monumentales dioses fluviales con pujantes cuernos de la abundancia que se apoyan en el borde del cáliz. Contemplados desde abajo protegen no sólo la fuente, sino también la casa. A través de dos escaleras en rampa, situadas a los lados y suavemente ascendentes, se accede al arriate propiamente dicho del conjunto. Un muro a media altura cierra aquí este arriate por tres lados, marca los límites de este jardín dispuesto como terraza y sirve, al mismo tiempo, de asiento. Un Hermes portando un jarrón y las cariátides y atlantes, dioses de los jardines, de fuerte expresión y llenos de vitalidad, están colocados como adorno separados entre sí unos pocos metros. Las 28 estatuas son diferentes unas de otras. Dentro de este vallado bordeado de bancales de bojes, dispuestos simétricamente, existen dos surtidores de hipopótamos en el centro, que dan vida a toda esta escena.

Al lado de la Palazzina y por dos escaleras de ancha construcción, rodeadas de cascadas que dejan caer el agua alternativamente sobre delfines de piedra y de éstos a unos recipientes, se sube a la terraza superior situada detrás de la casa. El caudal de agua desemboca a los pies de la escalera en un recipiente en forma de concha y sigue corriendo hasta un estanque circular. Un camino, ligeramente en cuesta y rodeado de un murito que asciende a tres niveles, conduce a cuatro monumentos de piedra de dimensiones sobrehumanas, en cuyo frente se han trabajado nichos elevados y semicirculares y una suerte de asiento saliente. Están colocados en forma de exedra y están adornados de bustos, esculturas y ánforas. Ellos limitan contra el telón de fondo de un pictórico bosque, el arriate de flores, en otro tiempo dispuesto en tres terrazas y hoy cubierto totalmente de hierba.

ILUSTRACION PAGINAS 52–53:
Fuentes con dioses fluviales frente a la Palazzina Farnese

ILUSTRACIONES SUPERIORES Y ILUSTRACION DE ENFRENTE:
Muros limitando el jardín de
arriates con Hermes, cariátides y atlantes

Jardín de la VILLA GAMBERAIA
Settignano · Italia

En el lugar que ocupa hoy la villa Gamberaia, situada al este de Florencia y en los confines de Settignano, existió en el siglo XIV una humilde casa de labranza propiedad de unas sencillas monjas. Todavía cambió dos veces de dueño antes de que fuese adquirida en 1618 por el rico comerciante Zanobi Lapi. Este hizo construir un parque y, respetando su antigua forma, convirtió esta casa en una típica villa florentina tanto por su equilibrio como por la claridad de líneas.

Cien años más tarde, esta posesión pasó a manos de la rica familia Capponi que sólo realizó en ella cambios insignificantes, ampliando, sin embargo, el jardín y dándole – aún bajo criterios actuales – una forma proporcionada.

Esta villa, con excepción de sus muros exteriores, ardió durante la Segunda Guerra Mundial y su jardín fue destruido hasta no poder casi ser reconocido. Ya en 1954 fue reconstruido por Marcello Marchi a partir de viejos planos y bocetos tras un trabajo de restauración que le llevó seis años. Su actual dueño apenas si ha modificado en algo este complejo reconstruido, siendo idea suya los frondosos rosales situados entre los bojes y que representan cromática y formalmente un contrapeso respecto a los setos.

El acceso a la villa está un poco apartado y conduce a la parte estrecha de la casa, arquitectónicamente poco llamativa. Detrás del edificio, en su lado sur, existe un impresionante arriate. Primeramente florecieron aquí árboles frutales que, como muestra un antiguo plano del siglo XVII, tuvieron que dejar paso a unos bordados recortados. La forma del jardín que puede verse actualmente, la adquirió el arriate a finales del siglo pasado por mediación de la princesa rumana Giovanna Ghyka, en ese tiempo propietaria del jardín. Este consiste en un boj, recortado cuidadosamente en formas plásticas, rodeando los paseos; los bancos de piedra invitan al descanso; mosaicos hechos con piedra de grava, rosales, limoneros en tiestos de terracota y los cuatro estanques alargados colocados por

Balaustrada adornada con esculturas

ella procuran un aire tranquilo y lujoso. El final de esta zona lo constituye un pequeño lago con nenúfares de forma semicircular, con el que linda una pared de cipreses en forma de exedra, que protege al jardín, por la parte superior, de las colinas de olivos de la Toscana, que se ofrecen en vista maravillosa a través de arcadas recortadas en ella, creación ésta de los actuales propietarios.

Paralelamente a la villa se extiende en esta parte del jardín una explanada de

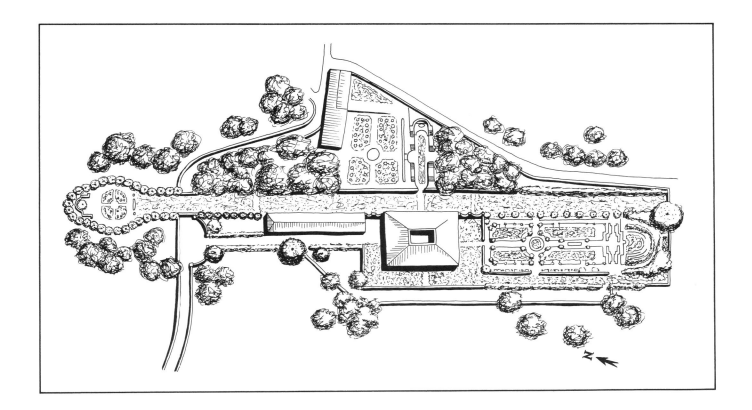

Plano de todo el conjunto

césped de casi 10 metros de ancho por 300 de largo que comunica todo este complejo de jardines y que al final de su parte superior da paso a una terraza. Desde ella se pueden contemplar, asímismo, las plantaciones de olivos y los viñedos que rodean a La Gamberaia como a una quinta rústica.

Esta está flanqueada por un lado por el «prato» de la villa, en otro tiempo rodeado de altos y oscuros cipreses, y por el otro por altos muros de contención. La adornan también figuras diversas que acentúan rítmicamente el paso de la sombra de los bosques y las grutas a la luz de la terraza y del abierto paisaje toscano. Una pequeña abertura permite el acceso a un pequeño y separado espacio ajardinado practicado en la montaña y que representa una variación del tema de las ninfas. Mosaicos de piedra de grava, una abundancia desbordante de figuras de piedra y arcilla y un mar de flores luciendo desde la primavera hasta casi el otoño convierten este silencioso rinconcito, al que una poderosa fuente proporciona el frescor necesario, en un pequeño paraíso. Por una escalera doble lateral se accede desde aquí a un bosque de encinas situado más arriba y por el otro lado a un naranjal. Junto a los limoneros y naranjales crecen flores veraniegas, se siembran plantas y cultivan hierbas culinarias. Tras otro bosquecito de encinas, el «prato» conduce a un jardín de grutas oval, rodeado de cipreses y con una impresionante estatua de Neptuno como remate.

Debido a la inteligente distribución de los espacios, el jardín completo de La Gambelaia posee unas medidas fácilmente abarcables, de donde procede su carácter de intimidad. La equilibrada proporción de luz y sombras y el limitado empleo de medios estilísticos, la sencillez de su geometría y de la idea de la perspectiva sobre la que se asienta y que determina su composición, lo convierten en una verdadera alhaja entre los jardines de la Toscana.

ILUSTRACION PAGINAS 58-59:
Arriate seguido de cipreses en exedra

Villa Gamberaia vista desde el jardín

Jardín de las Cuevas

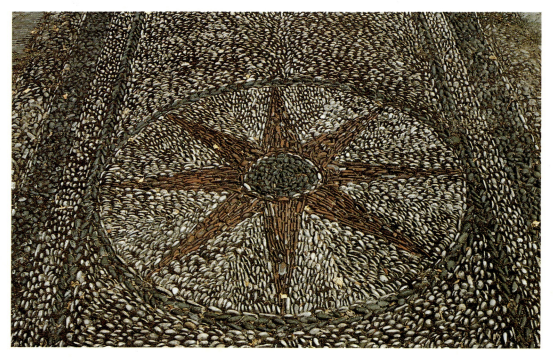

ILUSTRACION DE ENFRENTE:
Cuevas de las Fuentes con cipreses

Jardín de la VILLA ALDOBRANDINI
Frascati · Italia

Hacia 1600, el cardenal Pietro Aldobrandini encargó al arquitecto Giacomo della Porta, discípulo de Miguel Angel, la construcción de su residencia de verano. En un tiempo en el que la arquitectura de jardines se estaba situando en el arte de vanguardia, al lado de la arquitectura religiosa, no sólo se era más generoso con el espacio dedicado a las dependencias, sino que los jardines eran adornados de forma más frondosa y barroca. Aquello que sobrecarga los interiores, a veces hasta la impertinencia, fuera, en la amplitud espacial del paisaje que se integra como telón de fondo, se convierte en una composición única.

Viniendo desde Roma la villa puede verse desde lejos. Lo primero que llama la atención es el ancho de la casa, mucho mayor que su profundidad. Para utilizar el espacio existente lo mejor posible – necesario debido a las estancias que había que reservar para la administración y para el personal, al que había que alojar cuando se mudaban por un tiempo al campo – se edificaron las magníficas terrazas anteriores y laterales de la casa – todo lo discretamente posible para que nada se opusiese al brillo de lo hermoso. Las chimeneas de las cocinas fueron por ello colocadas al final de las terrazas laterales e integradas en el conjunto como torrecillas de adorno. Este principio no prevaleció sólo en los edificios, sino también en las plantas que son colocadas en setos de altura superior a la estatura humana y recortados en bellas formas para que no estén a la vista del visitante ni los campos de cereales ni los bancales de hortalizas ni los pequeños viñedos. Además, existen alamedas adornadas profusamente con estatuas, fuentes, etc., lo que puede llevar a la creencia de que uno se encuentra en un parque de recreo. Esta zona está limitada por un muro con una puerta de hierro forjado que la separa del jardín propiamente dicho.

Antigua fuente en forma de barquito
Grabado de Falda

Hoy la entrada se encuentra, como en otras muchas villas, a la altura de la casa. Antiguamente la villa podía verse a lo largo de todo el camino. Esta se halla situada a mitad de la altura total de todo el complejo, que escala una colina frascática.

Antiguamente se accedía por un portalón y a través de un camino de encinas, flanqueado a ambos lados por pobladas alamedas recortadas, a una fuente adornada con maravillosos mosaicos. Por el camino del medio cruzan el «Podere» dos paseos de pinos construidos en diagonal y con setos alrededor. Desde las fuentes,

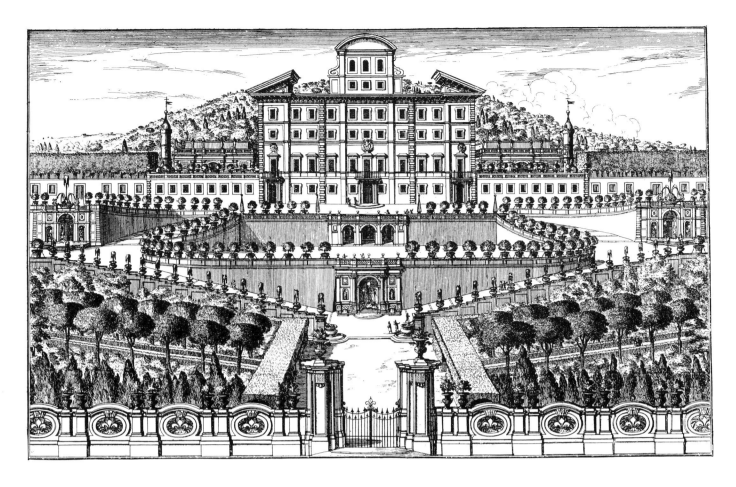

Vista idealizada del frente
Grabado de Specchi

dos escaleras en forma de rampa ligeramente empinadas conducen a la primera terraza. Los campos están adornados con limoneros y naranjos y en las paredes de revestimiento fueron excavadas pequeñas grutas con juegos de agua. Otro par de escaleras, que conducen a la segunda terraza y al portalón de entrada a la villa, completa la elipse que discurre a lo largo del eje longitudinal del jardín. A los lados del edificio se habían dispuesto antiguamente arriates de los que sólo se ha conservado uno y a medias. Lo que hoy día puede admirarse aquí son los gigantescos y viejos platanales que se hallan en medio de bancales circulares de hortensias rodeados de hierba perenne.

Por detrás de la villa se sube, por unos escalones, a un lugar despejado y amplio – desde el punto de la geometría haciendo juego con el conjunto de las escaleras de la parte delantera de la villa – que asciende a un teatro de agua practicado en la montaña. También aquí la pared de revestimiento está engalanada. Unas pilastras lo dividen en nichos en forma de gruta a los que puede entrarse y en los que juegos mecánicos de agua representan escenas de la mitología. La figura de la fuente principal representa a Atlas portando la bola del mundo. Innumerables chorros de agua son disparados desde ella a lo alto y llenan de espuma un gran estanque semicircular a través de peñas revestidas de musgo. Una escalera con una cascada, que por detrás del «Teatro delle acque» asciende por la ladera, se destaca ópticamente mediante un poderoso bosque de encinas y conduce a dos altas columnas desde las que se elevan sendos chorros de agua que las rodean como una guirnalda cayendo luego sobre los escalones.

También el camino que asciende está acompañado de juegos de agua. Se llega en seguida a la «Fontana dei Pastori», situada sobre una pequeña plataforma, en la que se ven dos figuras de labradores o de pastores. Desde allí se accede a la última terraza, donde se encuentra la «Fontana rustica», una gruta natural de toba. Un alto seto al natural la separa del bosque con el que limita.

ILUSTRACION PAGINAS 66–67:
Teatro en semicírculo y vista de algunos detalles

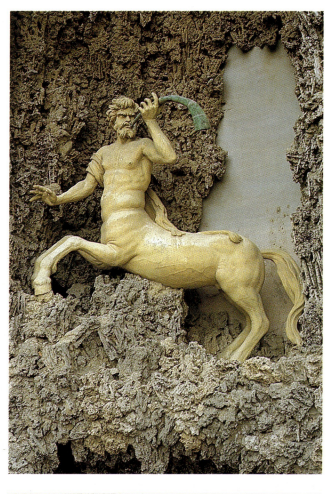

Jardín de la VILLA GARZONI
Collodi · Italia

A comienzos del siglo XVII, Romano Garzoni encargó al humanista patricio Ottaviano Diodati, nacido en Lucca, la configuración más representativa posible de la casa y del jardín. Pocos años después Franceso Sbarra describe las terrazas y la entrada de la villa, construidas generosamente y en forma de semicírculo. Las numerosas fuentes y juegos de agua las mandó instalar casi cien años más tarde un nieto de Romano Garzoni según los planos de Diodati y dio con ello al jardín el aspecto definitivo que todavía hoy puede apreciarse.

Este complejo, situado en las cercanías de Collodi, representa un original punto, en el que se une una interpretación marcada por la tierra de Lucca, con el Barroco que estaba próximo. Formas claras y relaciones sencillas, como herencia del mundo clásico, dominan la planta de este jardín con flores durante casi todo el año. La ampliación de diversos elementos y otros muchos detalles son ya retorcidos e indican un carácter claramente manierista.

El jardín recibe a sus visitante con un arriate construido a lo ancho y con magníficos colores. En dos pilones circulares, en los que nadan nenúfares y cisnes, unas altas fuentes lanzan sus chorros de agua a una altura de casi diez metros. Estas fuentes están situadas en la primera mitad de esta planta y rodeadas de bancales de flores, que no guardan una severa geometría, sino que flores y setos contrastan ornamentalmente en color, forma y olores. La influencia francesa puede reconocerse aquí con facilidad.

A la entrada Flora y un Pan tocando la flauta reciben al visitante; Diana y Apolo lo despiden en la segunda parte, que discurre imperceptiblemente montaña

Vista panorámica de la parte baja del jardín divisada desde las escaleras

arriba. El señero dueño, junto con los bojes y los mosaicos de colores, que dibujan el escudo y las iniciales de los Garzoni, está presente de forma constante. Este arriate se cierra en forma de boj y en la parte delantera sus caprichosas formas ponen un matiz especial.

Comparándola con el arriete, que parece llano, la triple escalera con doble rampa al final de esta zona toma un aspecto monumental. En la fachada de los muros de contención se colocaron mosaicos de colores, que vuelven a utilizar los dibujos de los bancales de flores, así como nichos con figuras de arcilla. Las

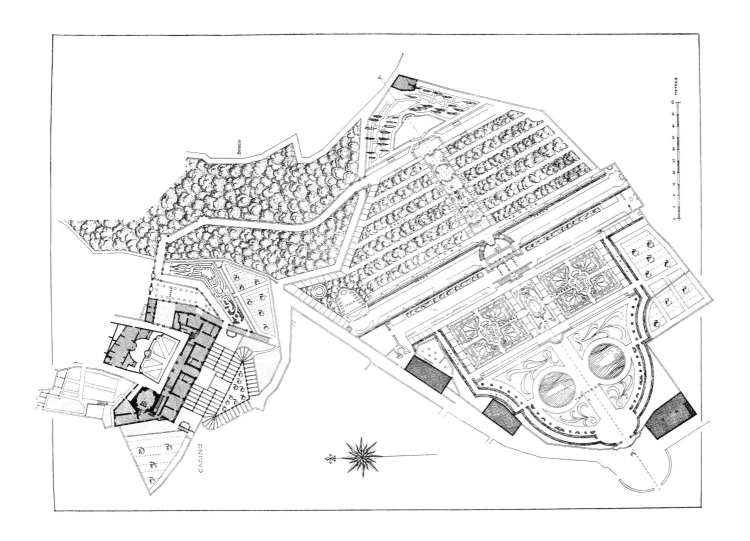

subidas y los rellanos están protegidos y marcados al mismo tiempo por una balaustrada colorida y de un diseño cuidadoso. El primer rellano conduce a un paseo de palmeras y el segundo a una vereda del jardín adornada con numerosas esculturas. En una esquina hace guardia Pomona, la diosa protectora del jardín, y por la otra se pasa a un pequeño jardín cubierto por la espesura.

Opticamente impresionante, el conjunto de escaleras, que se entrecruzan a todo lo largo y ancho del jardín, no conducen necesariamente a la villa sino a un escalonamiento por el que corre el agua prolongando el eje central. Este está coronado por la Fama, la figura alegórica romana. De su cuerno se vierte agua primeramente en un estanque semicircular, deslizándose luego en pequeñas cascadas escaleras abajo. Antes existieron, por detrás de la estatua, baños secretos que fascinaban a los invitados por sus refinados juegos de agua. Esta parte del jardín está bastante destruida, y sólo en el laberinto siguen sorprendiendo las «bromas» acuáticas.

La parte del jardín situada en la parte superior de la ladera está rodeada de un extenso bosque en el que la escalera de agua se introduce como si de un camino se tratase. El bosque está atravesado por senderos pequeños colocados horizontalmente en intervalos regulares y por dos grandes paseos que conducen a la casa a través de un bosquecito de bambús o a través de un laberinto. Desde el puente, al que conduce uno de los paseos, el visitante dispone de una vista particularmente buena del laberinto. Los mosaicos y los espaciosos arcos redondos transforman a éste en un camino poco corriente que ofrece, desde cualquier punto de vista, perspectivas sorprendentes.

Escaleras adornadas al gusto manierista

Estanque de la terraza superior

ILUSTRACION PAGINA DE ENFRENTE:
Puente en forma de pérgola con «ojos de buey»

El Bosco Sacro
BOMARZO
Bomarzo · Italia

A mediados del siglo XVI el arquitecto Pirro Ligorio convirtió el bosque del Príncipe de Orsini, situado cerca de la residencia familiar, en un parque de esculturas, en un espacio para el arte, como se entendía en el Renacimiento. Bomarzo – su maravilloso parque – se convirtió en un lugar que ofrecía al visitante frescor en verano, por lo que se permanecía a gusto en él, se ofrecía arte y él mismo era arte, un lugar inventado para el gozo propio y envidia de los demás.

Pier Francesco «Vicino» Orsini tenía, según el juicio de sus contemporáneos, una presencia que imponía respeto y prefería la lucha al estudio tranquilo. No por eso era ignorante, pues había leído a autores contemporáneos como François Rabelais, Torquato Tasso y Ludovico Ariosto, interesándose en especial por los libros sobre la India, los tratados sobre la longevidad y por las epopeyas románticas. Que también era ducho en mitología greco-romana apenas si es necesario mencionarlo en un hombre de ese tiempo y de su rango – demostrándolo también las esculturas de sus jardines. Además de sus preferencias literarias, son sus cartas sobre todo las que nos lo presentan como un ecléctico manierista.

Al contrario que en otros jardines renacentistas, en Bomarzo no son las leyes del orden y de la geometría las que prevalecen, y es inútil buscar en él sitios que ofrezcan perspectivas ópticamente interesantes. Las monumentales esculturas de piedra no están ordenadas simétricamente, sino que descansan allí donde la naturaleza dispuso bloques erráticos, de los que Ligorio creó sus monumentos. La gran presa, los numerosos juegos de agua y las fuentes eran famosas hasta que fueron superadas por las de la Villa d'Este. Las fuentes están actualmente secas, y del lago sólo pueden verse lo que fueron sus riberas: Bomarzo es un auténtico jardín de rocas.

Sólo a mediados de nuestro siglo, tras casi doscientos años de existencia a la sombra, fue redescubierto su encanto surrealista por artistas como Salvador Dalí. Su actual propietario ha comenzado una ambiciosa restauración y desde hace poco un amplio público tiene acceso al jardín.

«Tú, que recorres el mundo a la búsqueda de sublimes y temibles maravillas, ven aquí a contemplar rostros terribles, elefantes, leones, osos, caníbales y dragones», es el lema del jardín, grabado en piedra y que invita al visitante a recorrerlo. En otro lugar las palabras siguientes, esculpidas en el pedestal de dos esfinges y que resaltan el afán de burla del propietario respecto a los visitantes, dicen: «El que no entre en este lugar con los ojos bien abiertos no podrá admirar las siete famosas maravillas de este mundo».

A la entrada del parque, una casa inclinada, saltando por encima de las reglas de la geometría y de la gravedad, confunde el sentido de la orientación de los visitantes que entran en ella. El piso y las paredes parecen estar a punto de desplomarse y la casa toda de hundirse en la colina. De su inclinación surge un remolino que hace que todo se tambalee, incluso su equilibrio.

«Tú, que entras, recógete y dime si tales maravillas son ilusión o arte.» Arte o alucinación – ya sólo las dimensiones gigantescas de las esculturas de piedra impresionan al observador.

Se ha tratado de interpretar las esculturas a la luz de la literatura, de forma que el coloso que está destrozando a una mujer podría proceder del «Orlando furioso» de Ariosto; los gigantes, de «Gargantúa y Pantagruel» de Rabelais, y los dragones de piedra, las gigantescas tortugas y el elefante, de cuentos orientales.

Otra lectura ve en estas figuras una alusión al pasado bélico de los Orsini y de Roma, a sus batallas y victorias. Interpretaciones mitológicas ponen en primer plano los temas de la fertilidad y de la caducidad. Los bastidores naturales del parque que hacen visible el ritmo del llegar a ser y del desaparecer le da a esta vista un sentido muy especial. Las esculturas de Ceres y Proserpina pueden

Escultura de la diosa romana Ceres

considerarse como ejemplos suficientemente representativos: Ceres, la diosa romana de la agricultura, equivale a la griega Deméter, cuya hija Perséfone – la romana Proserpina – es sorprendida por Hades mientras juego y conducida a los infiernos ya convertida en esposa suya. Deméter busca a su hija inútilmente, por lo que se retira del mundo y no permite que sigan creciendo los sembrados hasta que Hermes, enviado por Júpiter, saque a Perséfone del infierno. Hades intenta con una granada seguir manteniéndola en su reino. Los dioses tienen que intervenir y cierran un trato: Perséfone tiene que permanecer en los infiernos un tercio del año, y los otros dos tercios en el Olimpo. A este ritmo está unida la idea del cambio de las estaciones, de la simiente y de la cosecha.

Veinte años después que Vicino Orsini mandase construir el parque de Orsini erigió en él, en memoria de su fallecida mujer Giulia Farnese, un templo que dio al bosque el apodo de «bosco sacro» – bosque sagrado.

Elefante tirando a un legionario

Dragón luchando contra fieras que lo atacan

ILUSTRACION ARRIBA:
Estatua de Neptuno

ILUSTRACION ABAJO:
Grito convertido en piedra: el monstruo

ILUSTRACION PAGINA DE ENFRENTE:
Pegaso, el caballo alado

El jardín del palacio de VILLANDRY
Villandry · Francia

Entre los magníficos palacios del Loira, el de Villandry, el último construido (1536), da la impresión de idílico-campestre e íntimo. Seduce por su doble carácter de discreta elegancia y su inexpugnabilidad algo ambivalente que encuentra su equivalencia en la combinación, arquitectónicamente muy bien pensada, de elementos simétricos y asimétricos.

Como Villandry permaneció en el pasado al margen de las luchas señoriales por el poder, no es tanto su historicidad como la armonía de todo el conjunto y la originalidad de sus jardines lo que dan especial encanto a este lugar. Sobre el conjunto del jardín en el estilo del Renacimiento está escrito lo siguiente en el prospecto «Villandry y sus jardines», redactado por el actual propietario del palacio:

«El pequeño valle, por el que discurre un arroyo, desciende de la meseta hacia el sur. Su ladera permitía colocar tres niveles de jardines en forma de terraza: el nivel más alto, en cuyo gran estanque, que refleja todo como en un espejo, se reúne el agua que se necesita para los fosos del palacio, para las fuentes saltarinas y para el riego; el nivel mediano y llano, con los recibidores del palacio y un vergel en el que crecen las flores rodeadas de bojes. Y, por último, bajo las ventanas del ala situada al oeste, a la altura de los edificios accesorios, se halla el jardín más original de todos: el huerto-jardín.

Cada uno de los tres jardines está rodeado y dominado por un paseo cubierto (cruce de tilos cortados en forma de cúpula y emparrados). De esa forma, el visitante puede admirar cada detalle sin exponerse a los rayos del sol de la Turena, que en pleno verano es realmente fuerte. Esta es la aplicación del principio formulado por Olivier de Serres: se desea que el jardín pueda ser contemplado de arriba a abajo bien desde los edificios anejos o bien desde las elevadas terrazas en torno al bancal.

Los tres jardines, por su parte, parecen estar metidos dentro de un cofre, rodeados al este por el palacio y las altas terrazas que sobresalen en la ladera de una altura del terreno, y cuyo follaje se eleva casi 50 metros por encima del jardín; al oeste por la aldea y su antigua iglesia que se alzan en la otra ladera del pequeño valle por encima del huerto, enfrente del palacio. Ni la aldea ni la iglesia

Plano de los dibujos y detalles de los cuatro bancales del Jardín del Amor

están alejadas de la casa señorial, lo que corresponde a la tradición medieval, abandonada más tarde; al norte, por los edificios accesorios: gallinero, cuadras y los establos, cuyos altos muros protegen al jardín de los fríos vientos; al sur, el jardín está limitado por el campo: una gran plantación de árboles frutales, que sube suavemente hacia los campos de la meseta con una transición natural entre ambos muy lograda.

Villandry está organizado de tal manera que en un espacio relativamente pequeño se puede, para gran satisfacción de la vista, abarcar todo lo que de material y espiritual es imprescindible para la vida.»

El carácter italiano del complejo de Villandry queda resaltado no sólo por su visibilidad y la perfecta conjunción de palacio y jardín, sino, en especial, por las fuentes de surtidores, organización de los jardines, arcos cubiertos de flores y

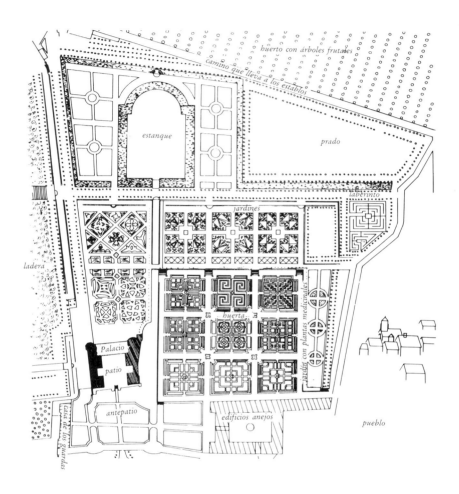

Plano de todo el conjunto

por la colocación de los bancales de flores y yerbas dentro de filas de bojes enanos. Villandry era ya conocido en el siglo XVI por sus huertos. El cardenal de Aragón, que lo visitó en 1570, escribió al Papa «que él había visto lechugas más hermosas que en Roma».

Los grabados de arquitecto francés Jacques Andronet Du Cerceau nos dan una idea de lo que pudieron ser las muestras ornamentales de los decorativos bancales de flores y hortalizas en el Villandry del siglo XVI y de otros jardines palaciegos (por ejemplo Blois, Amboise, Chenonceaux del Loira, Anet, Gaillon y Fontainebleau, en los alrededores de París). El demuestra que los huertos podían construirse según los mismos principios formales y estéticos que los jardines. El grabado constituyó la base fundamental a la hora de reconstruir los huertos de Villandry, labor llevada a cabo a principios de nuestro siglo por Joachim Carvallo, abuelo del actual propietario. Sólo en Villandry puede contemplarse hoy la reconstrucción de un magnífico huerto del Renacimiento.

ILUSTRACION ARRIBA:
Vista al jardín y al palacio

ILUSTRACION ABAJO:
Detalle del huerto

ILUSTRACION PAGINA DE ENFRENTE:
Jardín con la iglesia del pueblo al fondo

II. La formación de la individualidad

A Pirro Ligorio le tocó la ingrata tarea de concluir el patio de Belvedere y de encargarse también, tras la muerte de Miguel Angel, de la construcción de San Pedro. En el caso de la Basílica, se decidió en contra de la planta de cruz griega, que Miguel Angel, apoyándose en Bramante, había favorecido como la mejor y única solución apropiada. Pero debido a estos quehaceres tuvo que estar cerca de los dos arquitectos más importantes de su tiempo, que marcaron decisivamente sus propias obras.

Hacia 1550 Ligorio inicia el plano de una de sus obras principales, la *Villa d'Este* en Tívoli. Aquí, como en otros muchos ejemplos, se demuestra que el conjunto de un jardín moderno sólo en una medida muy pequeña tiene en cuenta la existencia de ciertas circunstancias naturales. El mandante, el cardenal Ippolito d'Este, no se preocupa en absoluto de las condiciones naturales que reune el lugar. El único punto de referencia para él es la villa que él quiere erigir en la cumbre de una colina de la ciudad. Exige que el jardín sea construido en exacta simetría respecto al eje principal del edificio. Ello va a significar gran cantidad de cimientos y terraplenes artificiales en casi la mitad de la extensión total del jardín. Como fácilmente puede reconocerse, la idea del jardín no nace en primer lugar de una idea que tenga que ver con la «naturaleza» o con la «naturalidad», o menos aún con la idea de «creación divina». La unidad que forman villa, parque y jardín aparece más como una autoafirmación del hombre que de su libre individualidad.

Puede parecer extraño el que se vean realizadas en un jardín unas ideas tan unitarias y antropomórficas. La tendencia que se observa hoy especialmente en los distintos jardines es la de percibir el empleo de elementos como terrazas, escaleras, fuentes o exedras y la de alabar, en su caso, la armonía y la estética de su orden. Una categoría como la de «individualidad» sólo podría darse por supuesto en esculturas y cuadros que tienen que ver con la imitación del ser humano. Pero uno permanece escéptico cuando se trata de pura arquitectura, iglesias o viviendas. Bajo arquitectura de jardines, sin embargo, se entiende la mayoría de las veces una habilidad artística práctica, secundaria en lo que a su importancia se refiere. – Contra un punto de vista tal hay que mantener como primera instancia el juicio de los contemporáneos. Para ellos, la arquitectura de jardines era una forma independiente de arte que nada tenía que envidiar a la pintura y que, comparada con la escultura, ocupaba incluso un lugar superior. En todo caso, merece la pena relegar los prejuicios de épocas posteriores y volver sobre los motivos de tales valoraciones.

Cuando se habla aquí de arquitectura de jardines como si se tratase del asentamiento de un mundo artístico no hay que entenderlo como un falso idealismo. El arte no prescribe a la naturaleza sus leyes, pero tampoco él se deja instruir por ella como si de un libro sagrado se tratase. Arte y naturaleza se hallan juntos en lo que tiene que ver con la construcción de los jardines influyéndose mutumente. Es cierto que ese estar frente a frente tiene automáticamente un carácter de lucha. En los jardines italianos y franceses ese enfrentamiento se decide claramente en favor del arte y del espíritu. Esta imagen parece desplazarse en el caso de los jardines ingleses, lo que observaremos luego más de cerca. No hay que olvidar que desde principios del siglo XVI en la arquitectura de jardines la «naturaleza» es sólo un concepto que se encuentra en un proceso de interdependencia entre el concepto de arte y el de espíritu. El trasvase de todo un terreno, el desvío de ríos, el riego artificial de grandes extensiones, la tala y plantación de bosques enteros tienen que ver con este proceso. Ellos no rompen en modo alguno con

Jardín de la *Villa d'Este*, Tívoli, Italia

la idea de naturaleza, sino que dejan que se desarrolle precisamente allí donde el arte le concede la posibilidad de desarrollarse mejor.

La medida ideal de estas empresas, a menudo imponentes – también hay que destacar esto – no reside de modo alguno en la voluntad estética del artista o incluso en las intenciones del mandante. Cuando aquí se habla de «individualidad» no tiene que significar el autodesarrollo de las personas individuales. Por tanto la objeción de antropomorfismo es falsa. El jardín mismo debe tener, más bien, su cohesión interior y una normativa homogénea, si quiere hablarse ante su vista de individualidad. Bramante había dispuesto el marco que Ligorio retoma y realiza luego en la Villa d'Este.

Para poder ordenar los diferentes momentos y aspectos del plan general, el concepto de *frontera* se revela como de gran ayuda. En su forma de «delimitación» éste ya había aparecido en Bramante, que había circundado el patio de Belvedere mediante una arquitectura elevada. Ligorio rodea también la Villa d'Este con unos límites precisos y la hace aparecer hacia afuera como un todo unitario.

La limitación está orientada, sin embargo, también hacia dentro y se convierte en un principio ordenador, separador y de unión. En la estructura general, Ligorio recurre a la división tripartita de Bramante: la zona inferior como jardín, en la altura situada en el polo opuesto a él, la Villa precedida de terrazas, y entre ambos una zona en cuesta dividida en cinco pequeños departamentos. La zona inferior, como lugar de torneos de la Corte, está dedicada al concepto de corporeidad y de lo físico. Si se quiere, puede decirse que es aquí donde la naturaleza es más ella misma. El núcleo cuadrado de esta parte inferior está constituido por el *Giardino delle Semplici*, cuyos límites claros los constituye una empalizada. Esto parece como si fuera la enseñanza básica de un libro de lógica que comienza por lo sencillo y va pasando a lo complicado. Puede que todo ello sea desconcertante, pero es así como se comporta. Dos caminos cubiertos con arte lo dividen en cuatro compartimentos iguales. Cada una de estas partes está, a su vez, dividida de nuevo y contiene una serie de bancales bien delimitados en los que crecen toda clase de hierbas. El acceso a los bancales está rigurosamente dispuesto mediante vallas y alamedas. Cualquier arbietrariedad está descartada. El diseño puede ser de Petrus Ramus, el famoso lógico de ese tiempo que se había esforzado por recuperar la unión de las matemáticas con la naturaleza, perdida en la baja Edad Media.

Las alamedas cumplen todavía otra función: ya que todo el conjunto está dispuesto simétricamente en función del eje principal, cualquiera que entrase a través del portón principal podría verlo todo hasta arriba, hasta la villa, sin esfuerzo. Y ésto es lo que trata de impedir la empalizada. Desde abajo no puede contemplarse todo el conjunto y por ello tampoco está disponible para cualquiera. El cuerpo, con su naturalidad, constituye ciertamente el elemento fundamental, pero para tener efecto tiene que someterse al severo orden, a las normas del espíritu. No puede pretender un dominio sobre todo.

Los peligros, sin embargo, de una posible hibridación del cuerpo, un constante insistir en su autonomía, están representados en los cuatro cuadrados delimitados lateralmente. Se trata de *laberintos* que tienen una función que de ninguna manera es sólo decorativa. Si uno ha llegado hasta ellos, el eje principal ha desaparecido de la vista y, con ello, cualquier posible orientación hacia lo alto. Como las hierbas medicinales han quedado atrás con su fuerza curativa, el cuerpo cuenta sólo consigo mismo, y sucede lo inevitable: se pierde en el callejón sin salida de la sobreestimación y su deficiencia . El peligro está marcado claramente. Sin embargo, estos laberintos no pueden compararse con los círculos del Infierno de Dante. El hombre no cae dentro por un juicio ajeno, sino por el quehacer o

Jardín de la *Villa d'Este*, Tívoli, Italia

por propia decisión. Cada laberinto tiene además una salida. La severa geometría del extravío muestra que sólo la razón puede ofrecer una salida al desvarío de la sinrazón y que la lucha contra esta última ya es, en sí misma, una actividad espiritual que merece la pena.

Mas allá del laberinto, Ligorio sitúa una zona de frondosos árboles. Ellos representan la periferia de la individualidad y muestran la posibilidad de que lo individual pueda perderse en la indiferenciación de lo plural si se sigue alejando del eje central y ya no tiene ante los ojos el camino hacia la altura.

La «frontera» juega también un papel importante en esta zona inferior, pues una cerca rodea el cuadrado del medio, los laberintos no son otra cosa que líneas delimitadoras entrelazadas entre sí y las zonas de las alamedas están marcadas con claridad. Los árboles todavía existentes de la Villa d'Este, independientemente de los cambios efectuados entretanto ya no permiten, desgraciadamente, tener la sensación de delimitación entre cada una de las partes. Los árboles han crecido demasiado e impiden así la consciencia del alejarse o acercarse respecto a los ejes y a los límites del jardín. Una de estas fronteras está situada entre el jardín inferior y el comienzo del declive. En este paso decisivo no es una escalera la que conduce sencillamente hacia una parte superior del complejo. En su lugar, Ligorio, con ayuda de cuatro lagos rectangulares, construye un eje transversal que se puede captar con claridad. El introduce, por tanto, el elemento agua, tan importante ya para Bramante. Tívoli es conocido por sus construcciones acuáticas. De lo que se trata ahora, sin embargo, es más bien de poner ante la vista la idea que movió a Ligorio a situar el agua en el nivel del medio.

En Bramante todavía podía observarse la transición del alejamiento de las fuentes y del agua del atrio medieval y de su integración, según modelos arcaizantes, en la arquitectura elevada de las terrazas. En Ligorio ya no hay rastro alguno de la Antigüedad y del Medievo. La importancia contemporánea encuentra en Tívoli un auténtico homenaje. La polaridad de espíritu y naturaleza ya había sido reconocida por Bramante como la señal interior de la individualidad. Al espíritu le corresponde en esta tensión la fuerza de la *universalidad* y a la naturaleza, con todas sus manifestaciones, la firmeza de la *unidad*. Como ya se demostró, no se trata aquí de la lucha dualista entre dos principios equivalentes. Entre ellos no tiene lugar inmediatez alguna, pues están separados y comunicados a través de una tercera esfera autónoma, encerrada en sí misma. Esta es la esfera de la *particularidad*, que contiene un lado tanto general como particular, sin que pierda por ello su independencia. Bramante había marcado este nivel intermedio como una terraza única y muy simple. Ligorio va mucho más allá. El la construye como si se tratase de un mundo que se desarrolla con toda la liberalidad y libertad hacia todos lados y dimensiones. La vida propiamente dicha, y en ello consiste la profunda visión de Ligorio, no tiene lugar exclusivamente ni en el cuerpo ni en el espíritu. Tanto los severos cuadrados del jardín inferior como la villa, de resultados algo más ásperos, exigen tales unilateralidades. Sólo en el sector intermedio, en lo especial de cada uno, descansan las verdaderas tensiones y atractivos, los esfuerzos y las recompensas de la vida de la nueva época.

En el *agua* es donde encuentra Ligorio el elemento fehaciente, el que corresponde a este punto de vista, de su arquitectura. Un elemento difícil y fácil a la vez, un término medio entre materia y espíritu. Como elemento líquido equivale a la calidad «neumática» del espíritu que penetra por todas partes, que acaricia, que es claro y transparente, una fuente de vida, que en sí no está sometida a limitaciones. Estas propiedades pueden aprovecharse muy bien para crear analogías visibles con la fuerza desparramadora, saltarina y revitalizadora del espíritu. Las masas de agua que descienden y los grandes, frescos y transparentes recipientes constituyen de esta forma un aspecto de su arquitectura de fuentes.

Naturalmente, el agua no es, por otra parte, un «Pneuma» – esto lo sabe Ligorio perfectamente – sino materia pesada y lenta y, como tal, un elemento típico de la naturaleza. Este puro ser y descansar-en-sí-mismo de la naturaleza lo representa Ligorio mediante los tranquilos laguitos que sirven para diluir la dureza de la materia en lo líquido, sin perder por ello su materialidad. Por eso, con razón, han sido asentados entre la zona inferior y media.

Ligorio utiliza la función delimitadora de estos laguitos todavía de otra manera: él los coloca uno al lado de otro con lo que se forma un cerrojo que se introduce, como eje transversal, en la perspectiva lineal del eje central. Con ello queda claro, por una parte, que se inicia así un plano nuevo y conscientemente diferenciador. Por la otra, Ligorio aparta de nuevo la atención del eje central hacia ambos extremos del eje transversal a los que provee con grandes juegos de aguas: un imponente órgano hidráulico y juegos de aguas, hoy ya desaparecidos, que se hallaban en un saliente artificial. Si no se pierde de vista el contraste – acentuado todavía por dos columnas Meta-Sudán en los dos lagos centrales – entre los tranquilos laguitos y el final de los juegos de aguas, puede reconocerse que el agua como frontera se divide y señala el camino hacia afuera de sí misma: la pericia humana es capaz de superar la fuerza de gravedad del agua, de llevarla a las alturas, al espíritu – de ahí el órgano y la música – y luego, de acuerdo a sus propios principios creativos, regresarla a la tierra. Es aquí donde me parece descansan las ideas genuinas de los complejos de fuentes de Ligorio. Ellas representan procesos de individualización tan polifacéticos, y de una fantasía infinita del «espíritu» y de la «naturaleza»: el fatigoso camino hacia la altura, como lo insinúan las sudorosas columnas; la fuerza de las masas de agua liberadas así como los altos estanques, que se reflejan en la pureza del agua. A la vez nos transmiten una idea de fuerzas increíbles que un hombre de la era moderna puede movilizar y canalizar. Ligorio sostiene, incluso, que el hombre debe poner estas fuerzas en movimiento, si quiere afirmar su libertad como individuo.

No vamos a tratar aquí de los otros descubrimientos de Ligorio. Ellos ya han sido alabados sin medida en cada época y siguen representando todavía hoy una riqueza inventiva tal, que sorprenden y maravillan al visitante. Hay que destacar todavía dos aspectos que son importantes para el desarrollo del concepto de jardín. Toda la zona media, con su aparato acuático y sus árboles frutales plantados en la pendiente, sirven para cultivar y ennoblecer a la naturaleza. Sin embargo, no hay que equivocarse viendo en él exclusivamente una suerte de *locus amoenus* o una Arcadia idílica. El mundo de la individualización y del perfilado, como se presenta en la Villa d'Este, es un peligroso paisaje de aventuras, en cuyo centro vive un dragón y que se desmembra en extremos históricos y políticos dignos de atención.

Estos extremos están insinuados en la magnífica «Avenida de las Cien Fuentes». Esta constituye el segundo eje transversal y se accede a ella apenas uno se ha alejado del dragón. Los relieves entre los pequeños juegos de aguas tienen que ver con *Las Metamorfosis* de Ovidio y representan el constante proceso de transformación que tiene lugar entre entre el hombre y la naturaleza. Las Metamorfosis, sin embargo, no representan precisamente un mundo idílico. Lo que las caracteriza es más bien la crueldad, la fatalidad y la muerte, apareciendo por eso en el arte siempre de nuevo con gran carga histórica. Esta avenida de fuentes está delimitada en uno de los lados por una alegoría en miniatura, que representa el Tíber, la loba y la rugiente Roma. Frente a ella se hallan la «Fontana dell'Ovato», quizás la más bella del jardín, llamada la «Regina delle Fontane». En ella están representados el alado Pegaso, la Sibila Albunea y algunas ninfas. Ordenada así, esta vía acuática se convierte en un eje temporal que se comporta como una coordinada respecto al largo eje espacial. A Ippolito le gustaba que la casa y el apellido de Este tuviese orígenes romanos. La alegoría de Roma representa el pasado con el que el tiempo se ha entremezclado en innumerables fuentes y metamorfosis hasta llegar a la más opulenta de las fuentes, que, teniendo a la profetizadora Sibila y al volador Pegaso, lanza enérgicamente sus chorros de agua hacia el futuro de la Casa d'Este. El escudo en el fondo de la fuente no deja lugar a dudas en cuanto a su significado.

Esta dimensión temporal, con todas sus implicaciones políticas, no hay que considerarla sólo un capricho del Cardenal. Ello se convierte en una dimensión importante de todos los grandes jardines. No podría concebirse Versalles sin las ideas de su tiempo y de su historia. Tampoco quedaría claro el origen de los jardines ingleses sin el horizonte de la historicidad y sin el espíritu de los partidos políticos en oposición. El encerramiento de la individualidad prohibe en Tívoli que la idea de historia contribuya a la unidad del jardín a partir de su equilibrio interno. Al alejarse el tiempo del eje longitudinal espacial, incluso cuando aquél lo cruza transversalmente, se llega a una interrupción ideal. El pasado se convierte en alegoría, la historia en una magnífica avenida y el futuro en una fuente que se alimenta de sí misma.

La segunda consideración tiene que ver con el dragón, que da nombre a la fuente principal del jardín y cuyo surtidor puede verse desde lejos. Para verla no sólo como elemento decorativo sino en relación real con la forma de hacer arte de entonces, no hay que perder de vista el que Ippolito d'Este no sólo fue el mandante de Pirro Ligorio, sino aquel «descendiente de Hércules» al que Ariosto había dedicado su *Orlando furioso*. La última versión de esta gran epopeya estuvo concluida en 1532, y puede considerarse, con todo derecho, como una de las más importantes obras literarias que marcaron decisivamente la segunda mitad del siglo XVI. Ariosto enlaza con su antecesor Boiardo, cuyo *Orlando enamorado* todavía pertenece al siglo anterior y que, con todos las ramificaciones de la trama brillantemente tejidas, todavía puede denominarse una epopeya cortesana tardía. Ariosto no es sencillamente la continuación de Boiardo. Aunque aquél se sirve de la mayor parte de los caracteres de éste, en

Bomarzo, Italia.
Escultura de Equidna

pasajes decisivos rompe con la tradición y convierte a Orlando en prototipo del héroe moderno, lo mismo que haría poco después Cervantes con su Don Quijote. El rasgo fundamental de su héroe no es en modo alguno el amor, sino la locura, la inutilidad de sus esfuerzos, sus delirios, su furia y sus arrebatos. A esto hay que añadir la otra cara, que enfrenta a Ariosto y Dante: la dama de los sueños ya no es una Beatriz. Ella se llama Angélica y es todo lo contrario de pura y virgen. Es amada por muchos hombres y acepta decidida sus ofertas si ve en ello una ventaja personal. El «amor», que ella excita en sus adoradores, no es una piedad como la de Dante, sino pasión salvaje, que acaba con el entendimiento y, a menudo, con la vida.

Contempladas desde este *Orlando furioso*, muchas creaciones de la arquitectura italiana de jardines pierden su carácter extraño. Surgen escenificaciones ya conocidas y situaciones perfectamente comprensibles: dragones que se alzan del agua, cascos y espadas que lanzan destellos desde fuentes encantadas, mujeres que se extravían en bosques y laberintos, hierbas medicinales que se colocan sobre heridas mortales. La fantasía no conoce límites. No es por ello algo meramente irreal, sino que corresponde a un sentimiento que tiene que ver con la vida de hecho de ese tiempo. *Bomarzo* es una de las creaciones más originales que brotaron de este espíritu arostiano. Se cree que fue Ligorio quien diseñó también este parque. Ello tendría sentido: como apoteosis de la particularidad. Hoy Bomarzo es para muchos como un gabinete de cosas raras. Para los contemporáneos de Ariosto y Tasso no debía resultar nada extraño el que en medio del «sacro bosco» surgiesen de repente una gigante, o una tortuga de dimensiones extraordinarias, un dragón u otros monstruos; o el que una casa encantada estuviese inclinada o que sucediesen otras cosas extrañas. Uno podría contar entonces con que de la casa saliesen gritos de socorro de una mujer secuestrada, y les hubiese parecido algo obvio si un Orlando o un Ruggiero se hubiesen precipitado a la casa para entablar una lucha con los magos orientales. Seguramente que a ninguno de los contemporáneos que se atreviera a pasear por unos de estos grandes jardines les eran desconocidas la isla de Alcina y los jardines encantados de Armida y que todos habían calculado de antemano los peligros de una empresa tal:

> El amor es como un bosque en el que uno, ciego
> y sin salvación, se desvía del recto camino,
> y cuanto más anda más se introduce en el laberinto.
> Por esto digo la opinión que albergo:
> El que envejece amando, ése se merece
> que lo aten y lo lleven a un manicomio.
> (*Orlando furioso*, canto 24)

El desarrollo de la individualidad moderna dio de lado sus relaciones con la iglesia y la religión, pasándose a un mundo del arte. Este mundo no es, sin embargo, ni idílico, ni estético, alegre o ameno. Todo lo contrario: está lleno de necesidades y exigencias matemáticas; por todas partes acechan peligros y no se dan garantías de supervivencia. Está producido a partir de una esfera nuevamente constituida: la particularidad. Sin embargo, sólo él puede permitirse la individualidad, en cuyo interior acecha la locura y externamente no cuenta con ayuda alguna: es señor de sí mismo y, a la vez, esclavo de ese su yo.

ILUSTRACION PAGINA 98:
Vista de la parte frontal del jardín
del Palacio de Brühl
Brühl, Alemania

Jardines del Barroco y del Rococó

Jardín palaciego de VAUX-LE-VICOMTE
Melun · Francia

Con la planificación de los jardines de Vaux-le-Vicomte se inició la ascendente carrera de André Le Nôtre. En 1661, Nicolas Fouquet llamó a éste, de cincuenta años y miembro de una gran dinastía de jardineros, a Vaux. Hasta entonces, Le Nôtre había cuidado principalmente los jardines de las Tullerías y se había dedicado al estudio de la perspectiva. De esta manera, de tranquilo jardinero pasó a ser un sensible creador de jardines. El jardín, que él creó de la nada – pues para hacerle sitio hubo que comprar tres pueblos y mandarlos derribar –, no sólo le originó admiración sino también envidias.

Su mandante, Nicolás Fouquet, hombre del Grand Siècle y sediento de aparentar, era ministro de finanzas bajo Mazarin y estaba en el cénit de su carrera. A mediados del siglo XVII había hablado acerca de la realización de su proyecto con Louis Le Vau, arquitecto amigo de Le Nôtre, y con el pintor Charles Le Brun, proyecto que, con un enorme despliegue de medios financieros y de personal, fue concluido en sólo cinco años.

Era un maravilloso complejo, cuya valía fue remarcada por una pomposa fiesta. En una segunda fiesta, el Rey asistió como invitado pudiendo confirmar el joven Luis XIV los rumores sobre las riquezas de Vaux-le-Vicomte y acrecentando su sospecha de que el ministro no podía permitirse esos lujos regios sólo con su dinero... Fourquet, en todo caso, era apresado un mes más tarde y condenado a cadena perpetua.

Luis XIV hizo llevar gran número de objetos de adorno transportables –jarrones, estatuas y otros – a Versalles, para lo que ya había previsto a la tríada de artistas Le Nôtre, Le Vau y Le Brun. El palacio de Vaux-le-Vicomte, totalmente abandonado, entró en decadencia. Sólo a finales del siglo XIX su nuevo propietario, el fabricante Alfred Sommier, llevó a cabo una completa restauración.

Perspectiva de las cascadas
Grabado de Isräel Sylvestre

Los caminos del parque, en forma de destellos, conducen al magnífico acceso, en forma de exedra, de un patio de entrada separado por balaustradas de adornos y barreras de rejas. Los establos a ambos lados ocultan los patios de explotación y los huertos de las cocinas. El palacio mismo descansa sobre una terraza creada artificialmente y – como también otros palacios franceses de la época – está rodeado de un ancho foso con agua. Lateralmente lo rodea una sencilla esplanada adornada con surtidores. Un puente levadizo conduce de la terraza del palacio,

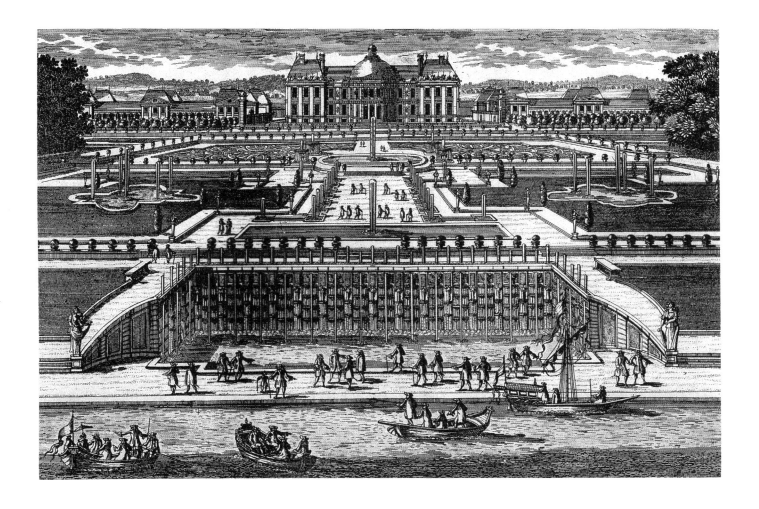

Gran cascada, jardín y palacio. Grabado de Aveline

por encima del foso, al jardín principal, que, sobre un terrero ligeramente inclinado, se extiende a lo largo de una imponente arquitectura, volviéndo a ser empinado sólo por detrás de todo esto.

La escenificación de la perspectiva hay que incluirla como una de las llamativas particularidades de Vaux-le-Vicomte. Las condiciones del terrero fueron utilizadas hábilmente y combinadas con calculados ilusionismos. Así unas partes del bosque contrastan con el complejo ordenado y plano del jardín dispuesto a todo lo ancho. La avenida del medio está pensada como eje central y simétrico. Cerca de los edificios principales, ésta divide dos arriates dobles con muestras ornamentales de bojes. Estos están flanqueados de sencillos arriates ligeramente elevados. Una fuente de surtidores al final del camino central y dos canales laterales cierran la primera zona del jardín.

Al este, el eje transversal conduce a una verja a tres niveles, formada por el agua y que era utilizada en otro tiempo como bastidor de teatro. A lo largo, el camino está marcado en sus orillas por pequeños canales en los que se elevaban numerosos chorros de agua. Hoy han sido sustituidos por arriates de césped. Dejando a un lado dos arriates de hierba con estanques que dejan caer el agua, el camino sigue hacia un gran estanque cuadrado, cuya colocación está calculada exactamente según reglas ópticas. Detrás se ve reflejada en él la fachada del palacio; estando delante, se tiene la impresión de que las grutas integradas en la arquitectura de las terrazas reposasen sobre las orillas del estanque y se abasteciesen de agua. Un canal transversal, en el que se ha transformado el río Anqueil, cierra el jardín principal a todo lo ancho. Del lado del palacio, pero no visibles desde él, unas cascadas detienen el canal, y enfrente, detrás de la continuación del canal, rampas y escaleras rodean las grutas.

ILUSTRACION PAGINAS 102–103: Panorámica del jardín y del palacio

ILUSTRACION ARRIBA:
Escaleras que llevan hacia las terrazas por encima de la cueva, con un detalle de la Alegoría del Anqueil

ILUSTRACION ARRIBA A LA DERECHA:
Grupo de esculturas en uno de los estanques laterales

ILUSTRACION DE LA DERECHA:
Gruta con la Alegoría del río Anqueil

ILUSTRACIONES PAGINAS 105–106:
Vista de los arriates con ornamentos de bojes

El jardín del palacio de VERSALLES
Versalles · Francia

«Sepa Vuestra Majestad, que en ausencia de acciones bélicas nada resalta tanto la grandeza y el espíritu de un príncipe como las edificaciones», escribía Jean-Baptiste Colbert a su Rey, Luis XIV, en el otoño del año 1665. La magnífica y festiva escenificación de Vaux-le-Vicomte en el verano de 1661 supusieron un reto para el joven rey. El necesitaba de un marco apropiado para fiestas todavía más brillantes y que habían de oscurecer todas cuantas hubiesen tenido lugar hasta entonces.

En el Barroco la fiesta cortesana era la metáfora de la vida por excelencia. Los mayores y mejores artistas de la época se dedicaban al diseño de bastidores y representaciones. Hicieron que la fiesta se convirtiese en una obra de arte total que honraba la soberanía del señor. Un día de fiesta seguía a otro, sin que faltasen oportunidades para ello, y sin poner límites a los gastos. El Barroco fue una época donde se vivía de prisa; el otro lado de la moneda respecto a esta gigantesca y pomposa ascensión festiva – visto como fundamento espiritual – era la huída del vacío. De qué manera artística se podían llenar los espacios vacíos puede verse todavía hoy paseando por los jardines de Versalles, aunque mucho de ello sea escenificación. El «Divertissement de Versalles», en el verano de 1674 y con ocasión de la conquista de Borgoña, se cuenta entre las fiestas más sonadas de Versalles. Richard Alewyn lo describe brillantemente en su libro «El gran teatro del mundo»:

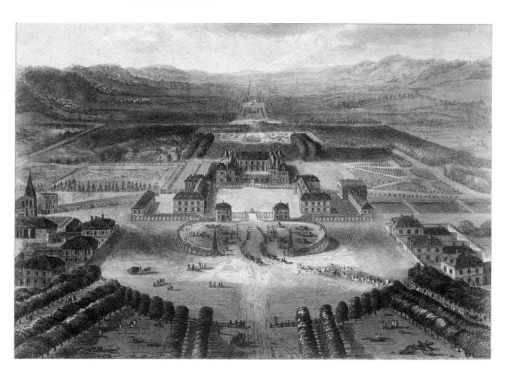

El palacio en 1664

«El primer día, en la Cour de Marbre, bajo el cielo nocturno, iluminada festivamente y adornada con naranjos y flores, y tras una comida en el Bosquet du Marais, se pasa a disfrutar de *Alcestis*, con texto de Quinault y música de Lully y con bailes de Benserade. Luego tiene lugar una cena de medianoche en el palacio y, a continuación, baile hasta el amanecer.

Al otro día, en el jardín de Trianon, se dispone un *Salon de Verdure*, una arquitectura exclusivamente de nada más que de ramaje, octogonal, a cielo raso y con vista a la alameda. Se interpreta la *Eglogue de Versalles*, un intermezzo de Lully y Quinault. Luego un banquete sobre una isla flotante en el Gran Canal, con veintitrés chorros de agua que la aislaban como si fuese una verja. Se come a la luz de las antorchas que aumentaba mil veces los reflejos de la vajilla de plata

Grand Trianon
Grabado de Aveline, 1687–88

mientras se oía el rumor del agua que subía y volvía a caer. En la tercera noche un paseo en barco por el Canal con luces y música seguía a la comida en la Menagerie. Luego, en un grotesco marco de grutas, era representado el *Enfermo imaginario* de Molière.

En la cuarta noche, la comida se tomó en el teatro acuático. Sobre tres gradas que lo rodeaban, estaban expuestos 160 árboles frutales, 120 cestos con dulces y confites, 400 recipientes con helado, 1.000 jarras de licores. Además se sentía el rumor del agua. En otro lugar del parque se había erigido un teatro, donde se representaba, se cantaba y bailaba *La fiesta de Amor y Baco*. Tras esto se dio una vuelta por el Gran Canal alrededor del parque nocturno con antorchas y fuegos artificiales y luego, para concluir, de nuevo una *Medianoche* en el Patio de Mármol. La mesa era una maravilla de comidas, flores y piedras.

El día quinto siguió a la representación en la Orangerie de la obra *Ifigenia* de Racine, la maravillosa iluminación del Gran Canal, realizada por el pintor de la corte Le Brun. Del agua se elevó, asido por ganchos de oro, un obelisco de luz. En su punta resplandecía un sol. A sus pies, un dragón sacudía majestuosamente sus alas. Se veían presos humillados y al rey triunfante. De repente, estallaron 1.500 morteros. Las orillas del Canal y las gradas resplandecían, el dragón arrojaba chorros de fuego y humo azul y rojo de su boca, ojos y narices; la superficie del agua relampagueaba por los destellos; por fin ascendieron al mismo tiempo 5.000 cohetes hacia el cielo nocturno, formando, por unos momentos, una catedral de luz sobre el canal, descendiendo luego como una lluvia de estrellas sobre la tierra.

En la última noche, – una de las más oscuras y serenas de todo el verano – a

la una todo el parque resplandece lleno de luz: las terrazas, las balaustradas, los estanques, el canal; todo está circundado de cadenas de perlas, los surtidores centellean misteriosamente, el canal parece un monstruoso espejo cristalino. Al final de todo esto, se ilumina la fachada de un palacio de ensueño. Todo el patio se llena de góndolas. Sobre el agua sale Neptuno, tirado por siete caballos marinos, al encuentro de los invitados. El palacio contiene figuras que, conforme se acerca la música, comienzan a cantar y a danzar suavemente bajo el bochorno y los pesados olores de la noche de julio. Así concluye la última de las grandes fiestas de Versalles.»

En el mismo año en que cae Nicolas Fouquet empezó la historia de Versalles, un lugar pequeño y casi desapercibido, con el que Luis XIV traía a su memoria recuerdos de su alegre juventud. El palacete de caza, construido por su padre Luis XIII, había sido a menudo para él un refugio – también para sus citas con mademoiselle de la Valière – y quería mantenerlo. Aunque el rey tuviese gran predilección por Versalles, la situación y las condiciones climáticas del lugar impedían que aquí pudiese ser construido un jardín que oscureciese a todos los habidos hasta ese momento en la historia de los jardines de Occidente.

No se escatimaron costes ni medios para hacer de esta pasaje pantanoso una obra de arte que fuese digna del «Rey Sol». Ya en 1662, André Le Nôtre comenzó con la construcción del jardín, que en su concepción básica ya mostraba los elementos más importantes, desde el arriate principal del norte hasta el gran eje este-oeste. El palacete, un complejo de tres cuerpos hecho de ladrillo y sillería y rodeado de un foso con agua, siguió siendo ampliado en los años sesenta y setenta y en sus dimensiones refleja la idea que de sí mismo tenía el rey más poderoso de Europa.

Un sistema de ejes transversales y longitudinales, que como el resto de los elementos básicos para su creación, está orientado al orden y a una correspondencia simétrica, constituye la estructura de todo el complejo.

El eje principal, sobre el que descansa al mismo tiempo el peso del jardín, en cuanto a la iconografía se refiere, surge ante el palacio con el «Parterre d'Eau». Sólo después de varias etapas adquirió éste su forma actual: dos estanques paralelos en los que se refleja el edificio. Estos están engalanados con grupos de angelotes, ninfas y representaciones alegóricas de los ríos más importantes de Francia. Una alameda conduce mediante escaleras y rampas adornadas con estatuas, al «Bassin Latone», una fuente circular de cuatro gradas de mármol. Desde aquí, un delgado tapiz verde suavemente inclinado, el «Tapis-Vert», circundado de varios bosquecillos, conduce, como una línea aérea, al «Bassin d'Apollon», ya iniciado en 1663. Apolo, el dios de la luz, y, en general, del orden de las costumbres y de la medida noble, es la figura central del mundo plástico de Versalles y un símbolo para el rey mismo. Jean-Baptiste Tuty concluyó el gigantesco estanque de 75 metros de largo por 110 de ancho según los planos de Le Brun. Apolo, montado sobre un carro tirado por cuatro ardientes corceles, al que acompañan Tritón y Delfina, se lanza sin miedo y casi en posición de ataque, hacia el palacio.

El «Gran Canal» en forma de cruz, cuya construcción se inició en 1667–68 y concluido en 1680, conforma el final del eje principal. Tiene 1.670 metros de largo y en la parte más ancha, que se abre a un estanque octogonal, mide 92 metros; el brazo transversal tiene 1.070 metros de largo y 75 de ancho. Toda una flotilla de góndolas invitaba a los participantes de las fiestas y banquetes nocturnos a realizar viajes de placer.

Vista del palacio desde el jardín

ILUSTRACION PAGINA DE ENFRENTE:
Detalle de la columnatas
de Jules Hardouin-Mansart

ILUSTRACIONES PAGINAS 116–117:
Cuatro vistas de la Fuente de Apolo

ILUSTRACION PAGINA DE ENFRENTE:
Detalle de la Fuente del Dragón

ILUSTRACION DE LA DERECHA:
Detalle de la Fuente de Saturno

ILUSTRACION ABAJO:
Detalle de la Fuente de Latona

Jardín del palacio de
BELVEDERE
Viena · Austria

Después de las victoriosas campañas contra los turcos, el Príncipe Eugenio de Saboya adquiere en 1693 la ladera norte de un viñedo situado frente a las puertas de la liberada Viena, para erigir allí su residencia de verano. El entonces treintañero pasaba por ser el mejor general de su tiempo. No sólo constituía el centro de la vida política, sino que además era un apasionado conocedor e influyente benefactor así como coleccionista de arte, que tomaba parte activa en la vida intelectual de su tiempo.

En su juventud, el Príncipe Eugenio había vivido con su madre, que durante algunos años perteneció al estrecho círculo en torno a Luis XIV, en Versalles y había seguido con sus propios ojos el desarrollo de este magnífico complejo. La influencia francesa y el intento de competir con Luis XIV, con quien estaba personalmente enemistado, pueden reconocerse en sus iniciativas arquitectónicas, que, por todo lo dicho, tanto formal como iconológicamente nada tienen de imitación. Los planos de la residencia los encargó al arquitecto Johann Lucas von Hildebrandt, todo lo opuesto del gran arquitecto barroco Johann Bernhard Fischer von Erlach. Los trabajos avanzaron al comienzo muy lentamente. En 1706 quedó acabada la primera parte del jardín y diez años más tarde, finalmente, después de dos años de trabajo, también el palacio. En 1717, cuando los preparativos para un segundo y más representativo edificio estaban maduros, el Príncipe se valió de Dominique Girard, un discípulo de André Le Nôtre, para que le diera al jardín, junto a la necesaria remodelación, el toque artístico. En sus rasgos fundamentales, el conjunto que puede contemplarse, con excepción de algunas figuras que se han perdido y algunas esculturas de las fuentes, ha permanecido invariable.

Situado en una estrecha franja de terreno, el jardín principal está circundado de arriba abajo y a todo lo ancho por los dos palacios de Belvedere. A los lados y a lo largo está cercado de setos y de elevados caminos que lo rodean. Contemplado desde el Belvedere superior, todo parece organizado según las reglas de la arquitectura de jardines; desde el Belvedere inferior se convierte, mediante las perspectivas que cambian constantemente, en algo único para los ojos. En su centro se encuentra la Casa Saboya.

Desde la «sala terrena» del Belvedere superior hasta la sala central del inferior se extiende el eje central, de máxima importancia para todo el conjunto. El reúne todos los elementos del jardín, aún aquéllos que están lejos, convirtiéndose así en el símbolo de la tendencia barroca a la síntesis, en el uso de los elementos de jardinería, arquitectónicos etc. El aumento de los medios arquitectónicos nos acercan a la magnificiencia del Belvedere superior y permite contemplar algunos aspectos del jardín desde los habitáculos privados inferiores.

El jardín principal está seccionado en tres partes unidas entre sí por saltos de agua y escaleras en forma de rampa. El plano más inferior comienza con cuatro bosquecillos de setos de hojaranzos de crecimiento rápido, que crean un ambiente de intimidad. Estos rodean algunos arriates de césped, de los que los dos exteriores están decorados con fuentes con escenas de la mitología. Este plano pasa por ser el símbolo de lo elemental que asciende al Belvedere superior, a la esfera de lo divino. La cascada inferior, con su arquitectura imitando a las grutas y sus muchos dioses marinos inferiores vuelve a retomar el tema. Aquélla está practicada en el muro de contención de la primera terraza y, contemplada desde abajo, aparece como un pedestal que convierte al Belvedere superior en un palacio aéreo. A través de anchas escaleras en rampa se accede al segundo espacio ajardinado. Metido entre matorrales se halla aquí un arriete de césped ligeramente hundido, con dos estanques ovales y varios grupos de estatuas que representan escenas de la vida de Hércules y Apolo. La gran cascada, que da paso al jardín superior, rodea cinco gradas y está adornada por varias deidades marinas. Dos arriates

Panorámica de todo el complejo a vista de pájaro
Grabado de Salomon Kleiner, 1731–1740

con borduras recortadas, algo hundidos y extendidos a lo largo de la ladera, adornados por esculturas y surtidores de agua, se hallan, como una de las partes más deslumbrantes, muy cerca del palacio.

El llamado «Pequeño jardín de Belvedere», un terreno en punta, que discurre en forma de cuña entre el jardín principal inferior, el Belvedere inferior y el jardín del conde Fondi-Mansfeld, contó desde muy temprano con un naranjal. Durante todo el año, muros de piedra engalanados rodean los pequeños naranjos plantados fijamente en el suelo. En invierno se erige, mediante una pared móvil hecha de ventanas y un techo apoyado sobre rodillos, un pabellón, que se calienta con grandes estufas. Otras plantas exóticas, que el Príncipe coleccionaba con pasión, fueron llevadas al «Gran Invernadero». Sigue un terreno, algo más elevado, con plantas decorativas. En el lado de la pendiente, está rodeado de partidas de yedra, hojas de parra y rosales trepadores dentro de pabellones de recreo. En la cumbre discurre un bosquecillo de setos con una pajarera y un cuadro de césped.

Por el lado sur del Belvedere superior se abre un patio en forma de trapecio con un estanque de agua, un jardín montado cuidadosamente y una casa para animales exóticos con jaulas dispuestas en forma de abanico.

ILUSTRACION PAGINAS 120–121:
Gran cascada y Belvedere superior

ILUSTRACION ARRIBA A LA DERECHA:
Escultura al borde de la Gran Cascada

ILUSTRACION DE LA DERECHA: Palacio, jardín y la ciudad de Viena al fondo

ILUSTRACION PAGINA 124:
Detalle de Pan y de las Esfinges

ILUSTRACION PAGINA 125:
Belvedere superior a la luz del atardecer

Los jardines del palacio de HET LOO
Apeldoorn · Países Bajos

La historia de Het Loo y de sus magníficos jardines, influidos por el estilo francés, se inicia en la segunda mitad del siglo XVII con los derechos de caza que el Príncipe Guillermo III de Orange quería conseguir en Veluwe, un término solitario pero rico en caza. Con el fin de entregarse ampliamente a este deporte, adquirió Het Loo y en 1648, comenzó la renovación y ampliación de su nueva residencia de caza. El arquitecto holandés Jacob Roman fue el supervisor de los trabajos, que probablemente fueron ejecutados primeramente según los planos de la Academia de Arquitectura de París y luego según los diseños del hugonote Daniël Marot. El jardín fue planeado tan cuidadosamente como el palacio.

Siete años más tarde, al ser coronado rey en Inglaterra, Guillermo II hizo que el jardín se ampliase con una segunda parte, el jardín superior. Sus descendientes cambiaron el complejo de nuevo y añadieron un invernadero de plantas exóticas, un pabellón de té y una casa de baños. Entretanto, los innovativos esfuerzos respecto a la arquitectura de jardines habían sido agotados. Unos cuidados deficientes, debidos a los enormes gastos de manutención, y las medidas arquitectónicas de los distintos propietarios, que acabaron perdiendo de vista el conjunto arquitectónico de todo el complejo, condujeron a lo largo del tiempo a su gradual decadencia.

En 1970, se decidió convertir a Het Loo en Museo Nacional, para lo que tuvieron que anularse los cambios introducidos en los siglos XIX y XX. Palacio y jardín fueron reconstruidos con fidelidad al original a partir de antiguos grabados y relatos de viajes. En el verano de 1984, se concluyeron los trabajos y el complejo fue abierto al público.

Los planos de la casa y del jardín están de acuerdo con el ideal estético del siglo XVII. Casi todo está ordenado, en este complejo, de forma simétrica y equivalente. El eje central conducía originariamente desde el patio anterior hasta un obelisco de madera, a través del palacio y del jardín, incluso a través de la columnata final del jardín superior, en forma de alameda kilométrica. Esta divide el complejo en una mitad poniente y una mitad naciente correspondiéndose entre sí – en ocasiones hasta el detalle – como en un espejo.

Desde la planta baja del palacio, se pasa al jardín a través de un portón con trabajos en hierro dorado, colocado exactamente en el centro de la parte inferior, y por una escalera en forma de exedra. Ordenados en filas de dos, se hallan aquí ocho arriates cuadrados, de los cuales los cuatro interiores son especialmente llamativos por sus filigranas ornamentales. Más allá del eje transversal, paralelo a la puerta, y por el lado este continúa el «Jardín de las Reinas». Una red de «Berceaux» – paseos de follaje –, de los que sólo la mitad han podido ser reconstruidos, junto con las flores exclusivamente «femeninas», como las pajarillas y los lirios – símbolos de la Virgen María – dan un carácter particular al jardín.

El «Jardín del Rey», dedicado entonces al señor de la casa, está introducido, como su compañero, mediante un arriate con borduras recortadas y un rellano de árboles frutales. Los colores de las flores, rojo y azul, simbolizan a la Casa Orange-Nassau, los mismos que los del dormitorio del señor en el ala oeste. Aquí, en lugar de los paseos de follaje, se plantó un «Boulingrin», una gran extensión de césped, que se utilizaba para algunos juegos de pelota.

Una gran cantidad de fuentes y juegos de aguas con figuras mitológicas y alegóricas destacan los puntos centrales de esta superficie. Los surtidores más bellos e importantes – los de la fuente principal están dedicados a Venus y Cupido – están reservados para la alameda central y le dan a los jardines de Het Loo, más bien planos, una dimensión vertical. A las orillas del ancho camino hay estrechos canales que conducen el agua para los diversos menesteres dentro de los jardines. Ya en la parte superior del jardín, la alameda principal conduce, dejando a un lado un pequeño bancal rectangular, al sitio más suntuoso de todo el complejo, los Surtidores del Rey: un chorro de 13 metros, rodeado de una serie de otros pequeños surtidores, cayendo en un estanque octogonal de 32 metros de diámetro.

Tubos de arcilla de varios kilómetros, adornados con emblemas, transportan el agua para las fuentes del jardín superior desde regiones más elevadas. Las

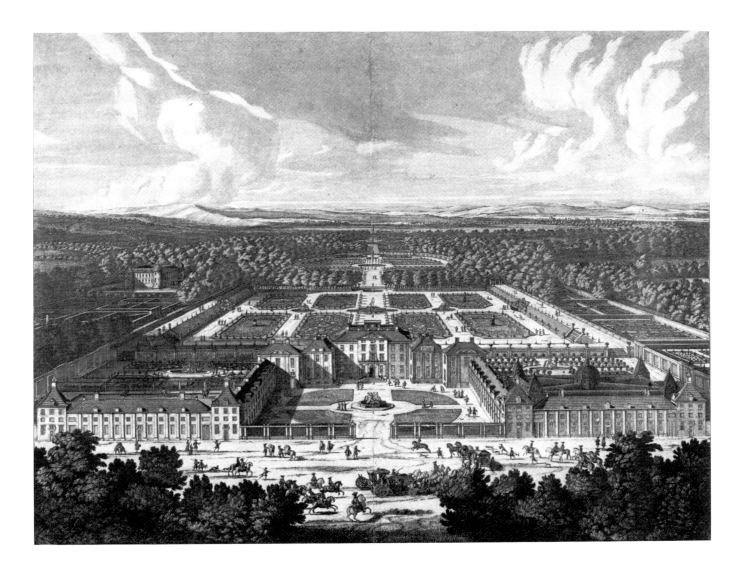

E complejo total hacia 1700
Según un grabado en colores de Petrus Schenk

situadas en el jardín inferior son alimentadas por un lago del parque, de forma que en Het Loo – al contrario que en otros jardines, como el de Versalles – hay constantemente agua fresca. Ambos jardines están rodeados de vallas y columnatas, que sustituyen a los típicos canales holandeses de los sitios con abundancia de agua. Los muros tienen también probablemente un sentido práctico, como es el de detener la arena que el viento lleva constantemente de un lado a otro del país. Fuera del cercado, el parque ofrece otras posibilidades de distraerse: además de un pequeño bosquecillo atravesado por senderos dispuestos en forma de estrella, de una pajarera y un laberinto, hallamos aquí una broma acuática muy especial, como son los canalitos que forman el monograma de los señores y que esconden finos surtidores que, de repente, salpican al paseante desprevenido.

ILUSTRACION PAGINAS 128-129:
Vista del jardín con las fuentes de Venus (centro de la foto), los Surtidores del Rey y la columnata (al fondo)

ILUSTRACION ARRIBA:
Vista del jardín inferior y del palacio

ILUSTRACION ABAJO:
Grupo de esculturas, al fondo, la columnata

ILUSTRACION PAGINA DE ENFRENTE:
Fuente de Venus

Los jardines reales de HERRENHAUSEN
Hannover · Alemania

La historia de los «Jardines Reales de Herrenhausen» se inicia en 1666. En este año, Johann Friedrich von Calenberg manda erigir una «casa de recreo con un pequeño jardín», al que da el nombre de «Herrenhausen». Cuando la princesa Sofía, más tarde Princesa Electora, eligió la entonces quinta para residencia veraniega de la Casa Hannover, se estaba poniendo las bases de la ascensión de categoría, en cuanto al jardín se refiere, de Herrenhausen.

Según las costumbres de la época, todos los planos para ampliar y reformar el complejo eran un intento de hacer un jardín de encuentro y centro social de la Corte del Electorado. Sofía consiguió, al mismo tiempo, ordenarlo para que fuera un lugar de paz y creatividad. Por sus polifacéticos talentos y amplia visión, fue ella la fuerza motriz para todo lo que tenía que ver con las actividades del jardín en Herrenhausen. En 1682, nombró al francés Martin Charbonnier Jardinero Elector de Hannover para poder satisfacer las elevadas exigencias de la arquitectura de jardines, entonces marcada por el gusto francés. El arte de Charbonnier fue también el que marcó la forma barroca del jardín.

Pero Francia, y Versalles en este caso, no debía constituir el único modelo a seguir en el complejo de Herrenhausen. Antes de que se iniciasen en 1692 los trabajos de ampliación y renovación, Sofía envió a Charbonnier a Holanda con fines de estudio. En la corte de los Orange había pasado gran parte de su juventud y quería ver realizados en Hannover aspectos arquitectónicos de los jardines holandeses. El «Graft», construido en 1696 y que rodea el terreno con fosos de agua en forma de herradura, hay que adscribirlo claramente a las influencias holandesas.

En 1686 ya se había construido un primer invernadero. Como atracción arquitectónica ajardinada siguió en 1689 la construcción del teatro del jardín, cuyo escenario de 50 metros de profundidad fue hecho con bastidores de setos

Arriates de flores adornados de esculturas

de hojaranzo y encuadrado con figuras de plomo dorado. Al patio de espectadores se le dio la forma de un pequeño anfiteatro y se colocó, en las cercanías, un recinto de setos conocido como el «Königsbusch» (Bosquecillo del Rey), que hacía las veces de foyer.

En 1699 toda la mitad sur del jardín fue organizada de nuevo. La superficie, dividida en cuatro partes cuadradas, fue dividida ahora mediante nuevos caminos

de tal forma que se creó el llamado «Triangeln», en el que se plantaron árboles frutales rodeándolo de un seto de bojes. Surgió así el «Nouveau Jardin». Tanto al este como al oeste, e inmediatamente al lado del Graft, dos plazas en forma de semicírculo se abren ante los ojos del espectador. La réplica la hizo Charbonnier en la «Vollmond» (Luna llena), una plaza más grande en el sur y en forma de semicírculo. Su centro está constituido por un gran estanque de cuya mitad se eleva un surtidor cuyo chorro de 80 metros pasa por ser el surtidor de jardín más alto de Europa.

Tras la muerte de Sofía, en 1714, se fue paralizando el proceso de transformación y renovación, aunque nunca llegó a detenerse del todo. En 1720, cuando unos naranjos habían crecido tanto que el lugar actual de la galería se había quedado pequeño, se construyó una nueva «Orangerie». En 1727, el nuevo edificio albergaba ya 600 naranjos.

En 1816, se erigió el pabellón de la biblioteca. En 1818, se amplió todo el complejo mediante compra de terreno y se diseñó el «Georgengarten». En 1845 se construyó un mausoleo en el que los regentes de Hannover debían tener su último descanso.

La Segunda Guerra Mundial causó a los jardines de Herrenhausen elevados daños, en especial haciéndoles perder su punto de referencia arquitectónico, como era el palacio, destruído totalmente por las bombas. Gracias a extensos trabajos de restauración podemos encontrar en Herrenhausen, sin embargo, uno de los jardines barrocos europeos mejor conservados.

Vista de todo el complejo
Grabado de J. van Sassen, hacia 1700

ILUSTRACION PAGINAS 134–135:
Fuente de las Campanas, rodeada de cuatro arriates rectangulares

El Gran Surtidor

Templo de Remy de la Fosse

Jardines del palacio de CHARLOTTENBURG
Berlín · Alemania

Charlottenburg o Lietzenburg, como se llamó originariamente, en función del nombre del lugar – Lietzow –, fue pensado como residencia de campo para Sophie Charlotte (1668–1705), la segunda mujer del rey Federico I. Pensado inicialmente como «sencilla» residencia de campo, habría de crecer en sus cien años de larga historia arquitectónica hasta convertirse en un complejo monumental y en uno de los centros cortesanos de Europa. El jardín anejo puede verse retrospectivamente formando parte de un desarrollo histórico no menos magnífico.

En 1695 se comenzó primeramente con la construcción de una villa de verano sin edificios accesorios. El edificio fue diseñado por Arnold Nehring y hacía gala de un estilo más bien sencillo y severo. Dentro del complejo actual, este edificio originario se eleva como el centro sobresaliente.

Como al jardín se le concedía una gran importancia social como lugar central y de encuentro, no hay que maravillarse que la misma Sophie Charlotte se encargase de su planificación. A través de una pariente, Liselotte de Orléans, consiguió traer a su corte a un discípulo de Le Nôtre, Simeón Godeau. Su carácter marca todavía hoy todo el jardín, si bien es visible la influencia de la arquitectura de jardines holandesa.

Bajo la dirección de Godeau y la colaboración de René Dahuron, otro artista de jardines de Versalles, surgió, en relativamente poco tiempo, el magnífico parque de Brandenburgo.

Las salas centrales del palacio permitían ver los extensos setos llenos de dibujos, los cuales conducían la vista hasta el Spree pasando sobre un gran estanque. En la ribera de enfrente, una vereda debía ampliar la perspectiva de la campiña. Mientras que aquí alamedas de cuatro hileras dividían el terreno ente el palacio

Vista del jardín desde el palacio

y el río, en el oeste un arriate de setos geométrico constituía el centro entre el palacio y una zona atravesada por canales rectilíneos.

Al mismo tiempo que se construia el jardín se hicieron realidad los planes para la ampliación del palacio. Se erigió un ala que se extendía a todo lo largo, con la cual se intentaba integrar como centro al edificio en forma de bloque de

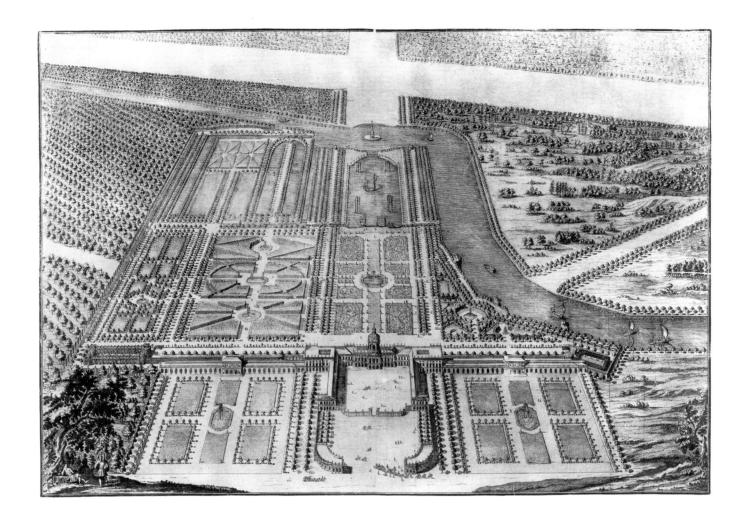

Plano de todo el conjunto según Eosander von Göthe, 1708

Nering. Se intentó unir las alas laterales, ya comenzadas anteriormente, con los edificios principales, con lo que se formó un ancho patio de armas. Se prolongó regularmente el complejo del palacio unas tres veces más, con el fin de ofrecer al parque una contrapartida arquitectónica apropiada y un punto de relación.

Incluso tras la muerte de Sofía Charlotte se prosiguieron los trabajos de construcción del palacio. Con proyectos siempre nuevos, Federico I intentó aumentar el esplendor de sus posesiones. Federico I, que murió en 1713, ya no pudo ver concluidos muchos de sus planes. Su sucesor, Federico Guillermo I, tuvo por acertado el seguir, tras años de amplios gastos, una política de ahorro: las ampliaciones y reconstrucciones del palacio fueron interrumpidas. En 1740 y con ocasión de su subida al trono, Federico el Grande elevó el palacio a residencia real.

Entre 1786 y 1833, tuvo lugar una gran remodelación del jardín barroco orientándolo hacia el tipo de «jardín inglés», basado en la idea de jardín como imitación de la naturaleza, para lo que se construyeron cursos de agua, lagos, serpenteantes caminos, grupos de árboles «naturales» y zonas de césped. En este tiempo, aparecieron también las tres atracciones principales del parque: el Belvedere, el pabellón Schinkel y el Mausoleo. El jardín inglés fue obra de los jardineros Johann August Eyserbeck, George Steiner y Peter Josef Lenné bajo los reyes Federico Guillermo II y III. Tras la muerte de Federico Guillermo IV (1861), el último rey que vivió en Charlottenburg, se inicia la decadencia de estos jardines. La meta de los esfuerzos que supone su actual reconstrucción es la de acercarse lo más posible a la riqueza de impresiones que producía el jardín originariamente y a la ideas arquitectónicas de sus creadores.

ILUSTRACION ARRIBA Y PAGINA DE ENFRENTE:
Frente del palacio, de Arnold Nehring y
Eosander von Göthe

ILUSTRACION SUPERIOR:
Hileras de árboles bordean el extenso jardín,
con fuentes y árboles recortados,
delante del palacio

El Mausoleo de Heinrich Gentz
y Karl Friedrich Schinkel

El Belvedere,
de Carl Gotthard Langhans

El jardín de la corte de VEITSHÖCHHEIM
Veitshöchheim · Alemania

Los primeros impulsos orientados a la construcción de un jardín nos llevan hasta el siglo XVII. Por orden del obispo elector Peter Philipp von Dernbach se erigió en los años 1680–1682 una «casa de verano» que pasó a constituir el núcleo del palacio que se construyó más tarde en el mismo lugar. Paralelamente a la construcción de la casa de verano se plantó, un poco más hacia el norte, una extensa arboleda. El obispo elector Johann Gottfried von Guttenberg, sucesor de Peter Philipp, vendió parte del terreno y lo delimitó según lo conocemos hoy.

Veitshöchheim pasa por ser *el* jardín rococó por excelencia de Alemania no a causa de la arquitectura de sus jardines, sino por la rica ornamentación a base de esculturas de Ferdinand Tietz. Sus figuras trasmiten, a las claras, la festiva alegría de vivir, la sensualidad y juguetonería de esta época. En 1702–1703, bajo el obispo elector Johann von Greifenclau, se construyeron las bases arquitectónicas del jardín, y en 1763–1776, bajo la vigilancia, en cuanto a su planificación se refiere, del obispo elector Adam Friedrich von Seinsheim, se le dio su forma definitiva.

Todo el complejo está dividido, a grandes rasgos, en dos sectores: la parte del palacio y la del jardín propiamente dicho, la cual vuelve a subdividirse en tres o cuatro regiones. Dos ejes principales, paralelos e independientes entre sí, constituyen la línea de referencia central, tanto del jardín como de la parte del palacio.

En una superficie casi cuadrada, ordenada simétricamente respecto al eje central, un total de doce arriates rodean el palacio. En la parte sur, el camino baja, a través de una escalera, al jardín. Aquí pueden distinguirse con facilidad las tres regiones principales, delimitadas entre sí mediante dos alamedas dispuestas en ángulo recto respecto al eje central.

La zona del «Gran Lago», la región más grande de las tres en lo que a superficie se refiere, domina claramente al resto. En medio del agua se yergue el «Parnaso» con Apolo y las nueve Musas, así como el caballo alado pegaso tirando hacia el cielo. Como centro del lago, es también punto de referencia para la continuación de la perspectiva del eje principal de este jardín, eje que parece cortar el agua del lago por un momento para continuar en la otra ribera. En la mitología griega,

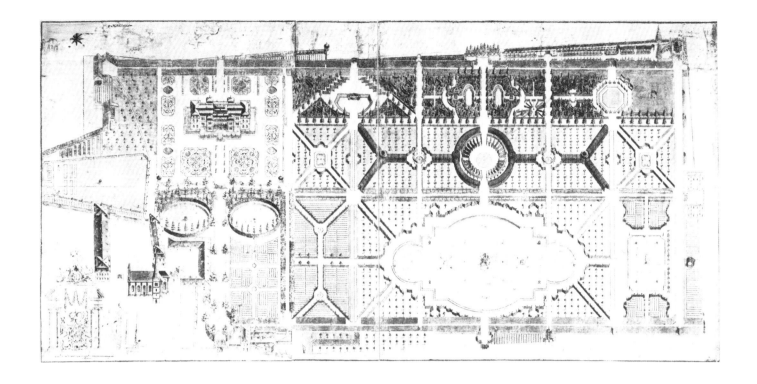

Plano en perspectiva de Johann Anton Oth, 1780

el Parnaso significa el punto de partida de un nuevo orden mundial bajo el poder de los dioses del Olimpo. Son, precisamente, figuras de este mundo divino del Olimpo las que rodean los estanques combinadas con alegorías sobre las cuatro estaciones. Los arriates de setos que están alrededor del lago se reparten en caminos transversales y diagonales. Los espacios intermedios están cubiertos de árboles frutales y de otros tipos.

Un paseo de tilos separa la región del lago de la región de la vegetación. Esta estrecha región central alberga el «Circo», corazón del vergel. También esta plaza circular, rodeada de una alameda en forma de anillo y de setos, está cortada simétricamente respecto al eje principal. Paralelamente a los dos paseos, dos alamedas (hoy día reemplazadas por hojaranzos) conducen, tanto hacia el norte como hacia el sur, a dos pequeños gabinetes de setos y a dos pabellones de rejilla. Las alamedas se bifurcan aquí y siguen hasta las orillas de los paseos. Dos salas de setos cierran la zona central por los lados estrechos.

Un paseo de abetos forma la zona comprendida entre la región frondosa y la de bosque. Esta región, la tercera de las tres del jardín, pueden subdividirse a su vez en otros tres sectores: el teatro de setos al norte, la sala de setos y la de tilos al sur, y una zona de fuentes y espacios de césped en el centro.

Tanto en el teatro de setos como en la sala de setos del sur hay otra vez figuras de Tietz, en especial angelotes. A ambos lados del eje principal, se encuentran dos fuentes ahuecadas en forma de estanque. Aquí hay escenas con figuras de la fábula de Esopo «La zorra y la cigüeña». El estilo de las esculturas se corresponde con el «Pabellón Chino» situado inmediatamente al lado: cuatro palmeras de piedra sostienen un tejado en forma de carpa con una corona de hojas superpuesta y cuatro piñas como final de las columnas. En el interior de cada uno de los pabellones cuatro asientos de piedra, con su correspondiente mesa, también de piedra, invitan al descanso. La cuarta región del jardín, en forma de triángulo alargado y cercada de setos, tiene una importancia más bien secundaria. La perspectiva del eje central tiene aquí su final, desembocando en un salto de agua, hoy desgraciadamente desaparecido. Desde aquí, la vista se proyecta libremente hasta el gran lago, de cuya marea se eleva Pegaso.

El Parnaso, la Montaña de las Musas, en el Gran Lago

Setos con esculturas y el frente principal del palacio

Pabellón Chino en la zona de bosques

Una de las muchas esculturas de Ferdinand Tietz

Gabinete de setos y pabellón

ILUSTRACION PAGINA DE ENFRENTE:
Casa de las cuevas y Belvedere
en el borde sudeste del jardín

El jardín del palacio de SCHWETZINGEN
Schwetzingen · Alemania

La historia del palacio y del jardín empieza en la Edad Media. Escritos y documentos antiguos dan testimonio de que ya en 1350, en el mismo lugar, un castillo rodeado con un foso de agua dominaba aquel contorno. Esta fortaleza tuvo que pasar por abundantes ampliaciones y renovaciones en los siglos siguientes: en el XVI se llegó a convertir el castillo en un palacio de caza; en el XVII continuaron los amplios trabajos de construcción que le dieron al complejo, de acuerdo con las exigencias de la sociedad cortesana, la forma y función de un palacio de recreo que contaba ya con extensos jardines. Mucho de todo esto fue destruido en ese mismo siglo por varias guerras.

La renovación del histórico terreno durante el siglo XVIII tuvo lugar, sobre todo, durante el gobierno del Príncipe Elector Karl Theodor. El plan de este monarca, amante del arte, fue la de prestar a este complejo palaciego, convertido entre tanto, en residencia veraniega de la Residencia del electorado de Mannheim, un exterior que correspondiese a su rango. Sirviendo a estos fines de representación, debían surgir aquí «piezas de gran valor arquitectónico», y conseguir un lugar entre los jardines más bellos de Europa. Para poder satisfacer estas exigencias, Karl Theodor llamó a su corte a artistas tan extraordinarios como Pieter Antoon Verschaffelt o Nicolas de Pigage.

Los planes de la construcción de un nuevo palacio no llegaron a realizarse, convirtiéndose el jardín, por el contrario, en uno de los que crearon norma en su tiempo.

Karl Theodor mandó renovar totalmente el núcleo principal del jardín, construido ya en 1721 y 1734 conforme a los planes de su antecesor Karl Philipp, y en 1748 conformarlo del todo al espíritu de la arquitectura de jardines francesa. El principio fundamentel del jardín barroco en lo que tiene que ver con su vasta extensión y con su «absoluta» ordenación diseñada a golpe de regla, fue desarrollado en un primer momento con la máxima pureza de estilo.

La extensión geométrica del espacio ajardinado puede abrirse mejor al espectador, si éste va más allá de la piedra sillar y de los arcos góticos de las puertas del edificio central del palacio, construido en forma de castillo y se ve directamente enfrentado al sistema de líneas interrelacionadas a base de objetos naturales.

En la superficie de césped descendiendo hacia el oeste en forma de terrazas, y cuyo eje central, en cuanto a la perspectiva se refiere, está escoltado de tilos holandeses, han sido acomodados surtidores y pequeños juegos de agua. El llamado «Surtidor de Arión» forma el centro de dos paseos de tres pistas que se cruzan entre sí. La fuente creada por el escultor, originario de Lorena, Barthélemy Guibal descansa al mismo tiempo en el centro de un inmenso círculo que rodea el arriate completo del jardín. La orilla de este círculo está formada por las casas circulares erigidas en la inmediaciones del palacio, de las cuales la del norte se convirtió en 1749–50 en naranjal y la del sur en edificio de celebraciones festivas, en 1753–54. Su contrapar arquitectónico se encuentra en dos «treillagen» erigidos en el lado oeste del complejo y que sirven para completar el círculo. Los huecos ópticos entre estos cuatro edificios forman el punto de partida de los dos paseos. Ningún otro jardín barroco dispone de un círculo tan original, constituyendo esto, con razón, el corazón de los parques de Schwetzingen.

Con ocasión de la reconstrucción del complejo, retomada en 1762, aparecieron zonas de bosquecillos en el oeste y noroeste y una huerta de naranjos. Se prolongó la perspectiva del eje principal, logrando así despejar la vista hasta llegar al «Gran Lago», y se dotó al parque de más edificios y estatuas. Al lado del teatro ajardinado erigido en 1752 por Pigage hay lugar para un templo de Apolo erigido sobre una colina artificial.

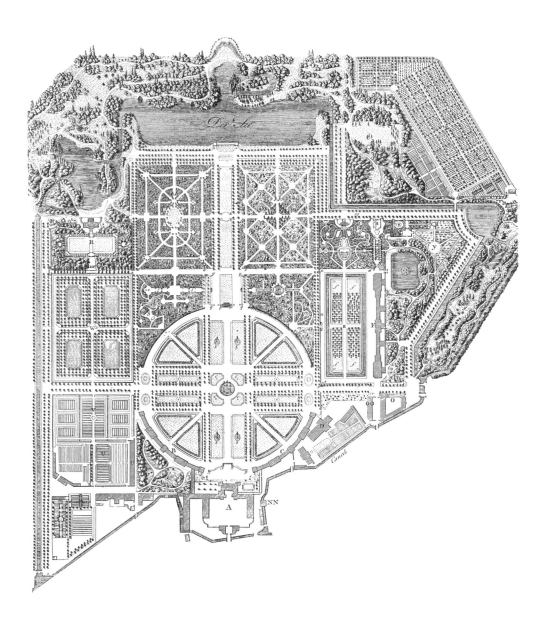

Schwetzingen
según J.M. Zeyher, 1809

Más al norte, la «Casa de baños» está integrada en el paisaje del jardín, la cual, diseñada asímismo por el arquitecto rococó Pigage, se considera hoy el edificio más valioso del jardín de Schwetzingen. Dos salas de entrada, de forma semicircular, dejan en medio una zona central elíptica decorada con pomposidad, que sustenta un tejado en forma de cúpula.

En 1777 se le dio al arquitecto Ludwig von Sckell la oportunidad de construir los terrenos de la colina, al norte y oeste según el estilo de los jardines ingleses. La parte geométrica del jardín se conservó, mientras que aquí enredados caminos y caudales de agua se entretejen entre grupos «naturales» de árboles. A las márgenes el «Gran Lago», desde cuyo centro se elevan representaciones de los dioses fluviales Rhin y Danubio hechas por Verschaffelt, se les despojó de su simetría. En el lago desemboca un canal sobre el que cruza un «Puente Chino», que en su día debió de transmitir la ilusión de algo exótico.

En 1870 se hizo el «Jardín Turco», la última parte de todo el complejo. En él, encontramos la creación arquitectónica tal vez más original de todo el parque: la mezquita. Karl Theodor, al erigir este edificio, tenía la intención de prestarle un remate único a sus jardines, ya entonces famosos.

El Templo de Mercurio

ILUSTRACION PAGINA DE ENFRENTE:
Vista del Templo de Apolo

ILUSTRACION PAGINAS 160–161:
Vista de la Mezquita por encima del Pequeño Lago

Pérgola

Fronda de la fuente, con pájaros como juegos de agua

III. La geometría de lo absoluto

El jardín renacentista francés se forma en primer lugar a partir de la propia tradición medieval, permaneciendo hasta el siglo XVII el carácter de castillo y fortaleza. La decisiva reforma de la arquitectura de jardines tiene lugar en Italia sobre el año 1500 – y no antes –, como puede deducirse de forma especial en la aplicación de ideas italianas en los palacios franceses de Amboise, Blois y Villandry y hasta en los de Fontainebleau y Dampierre. Luis XII y Francisco I tienen gran interés en apropiar para su país el nuevo arte de Italia. Se traen famosos arquitectos, hacen trabajar para ellos a los grandes pintores y escultores de Florencia y Roma y se ornamentan con arte italiano los grandes espacios que se van haciendo. Es verdad que ninguno de los jardines trazados entonces puede alcanzar la calidad creativa de los modelos italianos. Aquí tampoco se trata de eso. En todo epígono pueden distinguirse aspectos dignos de tener en cuenta: el dominio de la intencionalidad y su peculiaridad, a menudo sólo latente y malgré soi. Precisamente porque el siglo XVI en Francia, en lo que se refiere a la arquitectura de jardines, está marcado por la transición y búsqueda de lo propio, puede reconocerse con más claridad qué impulsos fueron los que se aprovecharon y de qué forma evolucionaron.

El paralelismo más importante con Italia reside en que el desarrollo de los jardines franceses tampoco tiene que ver nada con el paisaje. En cualquier aspecto que se les considere están construidos «artificialmente» y concebidos según severas reglas. De acuerdo con su función, tienen que ser montados en un espacio interior cuidadosamente delimitado y, en lo que a su construcción se refiere, permanecer siempre accesibles a la vista. Para ello, los bancales cuadrados, el severo trazado de los caminos y las plantaciones, en fila, de árboles con las formas expresivas preferidas. El aislamiento de los espacios hacia el exterior, que en los italianos aparecía como un momento de la peculiaridad y de la individualidad, está señalado muy claramente por los altos muros y las torres de los palacios renacentistas franceses. Los franceses lo tienen mucho más difícil a la hora de crear la unidad interior de palacio y jardín. La arquitectura de terrazas, introducida por Bramante y desarrollada tan valientemente por Ligorio, sigue siendo extraña para ellos. Ellos dieron una respuesta propia a la estructuración interna del espacio mediante el *arriate*. Esta nueva concepción del espacio puede reconocerse sólo de forma rudimentaria en los jardines del Renacimiento. Sin embargo, mirando de forma retrospectiva la primera fase, desde el arte barroco ya mucho más desarrollado, desde Vaux-le-Vicomte y Versalles, por ejemplo, se ve que los franceses tuvieron desde el comienzo otro punto de partida propio.

Tomando ya el carácter de fortaleza de los conjuntos franceses, tanto tiempo conservado, muestra que la idea de la individualidad es concebida sólo como un cerrarse según la tradición medieval, y no como una función nueva y que haya que estar creando constantemente:

Es verdad que el jardín de *Amboise* fue construido a la manera italiana por un arquitecto napolitano, Pacello de Mercogliano, sobre una terraza detrás del palacio, ampliada especialmente para ello y situada algo más alta, pero sigue siendo – está rodeado por una galería – una entidad aislada. No consigue formar una unidad con el complejo del palacio o incluso sólo con el jardín de naranjos, orientado hacia el sur. Da la impresión de una joya valiosa y extraña cuya única función consiste en ser admirada desde todos lados.

También *Blois* fue diseñado en parte por Pacello. Aquí es todavía más evidente el desinterés por el concepto de las terrazas – aunque las haya. Tres jardines impresionantes están construidos sobre tres planos diferentes. Se emplearon

Jardín del Palacio de *Weikersheim*, Weikersheim, Alemania

Perspectiva del paisaje desde el Palacio, pasando por encima del eje principal con la montaña de grutas (centro de la foto) y a través de los naranjales

La Glorieta del jardín de *Schönbrunn*, Viena, Austria

La columnata de estilo barroco tardío fue construida como monumento para conmemorar la batalla ganada contra Federico el Grande en Kolin (1757, Guerra de los Siete Años). Esta constituye el cierre superior del eje principal del jardín. Desde aquí, el visitante tiene una maravillosa vista sobre el jardín, sobre la ciudad de Viena y sus alrededores.

grandes cimientos, exactamente igual que en la Villa d'Este. El arquitecto cierra cada plano por sí mismo. No hay ninguna clase de unión, no hay escaleras, rampas, pasos. Cada parte es para sí misma, rodeada de grandes muros.– Todavía más problemática es la relación jardín-palacio. El complejo de jardines está apartado del palacio por los fosos y sólo puede accederse a ellos por un puente. Una fusión o siquiera una tensión arquitectónica entre ambos no parece haber sido nunca entendida. *Bury* se considera el primer intento de unificar partes hasta ese entonces sólo colocadas una junto a otra. Pero también aquí los cuatro patios del palacio mantienen una relación de estar sólo al lado uno de los otros. El verdadero interés de los arquitectos está dirigido a la formación altamente artística de los ocho bancales ornamentales que decoran el jardín tras la casa patricia. En el patio de armas no existen tales bancales, sino que cuenta con cuatro grandes piezas de césped.

A ese tiempo pertenece la construcción de una villa que se adscribe al superdotado Leonardo da Vinci. Se le nombra porque por ella puede verse que tampoco él – como Rafael – había dado el paso hacia la idea de individualidad de la época moderna. La inspiración del plan, que había surgido entre 1516 y 1519, cuando Leonardo ya vivía en Francia, es claramente anticuada. La forma de la villa, con torres en las esquinas, el foso de agua, la sucesión de las partes: casa, patio, jardín y laguito siguen ancladas sin embargo en el mundo de Dante, que puede estar concebido ordenada y jerárquicamente, pero sin detalle alguno que revele un proceso en sí mismo.

El acercamiento artístico al nuevo estilo de jardines italiano tiene lugar pro-

piamente al comienzo del siglo XVII, cuando surgen los complejos de Saint-Germain-en-Laye y el Jardín de Luxemburgo. María de Medici, esposa de Enrique IV, es aquí el motor. Hace llamar a Francini y a otros artistas italianos, con el fin de que el espíritu italiano de un Palazzo Pitti, de un Ammanati o de los jardines de Boboli puedan ser reproducidos lo más auténticamente posible en Francia. Si se miran los resultados de este poderoso esfuerzo, algo extraño resulta a la vista: el acercamiento y reelaboración de los modelos italianos lleva a un alejamiento fundamental y al hallazgo del propio estilo francés.

Este movimiento puede comprobarse primero en lo exterior. El jardín francés se orienta hacia la *lejanía*. No busca el detalle delimitado ni la individualidad. Su interés está orientado más bien a hacer valer conjuntamente una *pluralidad* de estímulos diferentes, los cuales deben estar relacionados mediante un dibujo artístico. La diferencia, ya mentada, entre «terraza» y «arriate» es evidente en Saint-Germain-en-Laye. Mientras que en Italia la arquitectura de las terrazas es tripartita, el concepto de arriate permite una pluralidad, casi se podría decir que una pluralidad a gusto de cada uno. Lo que en Italia puede relacionarse sólo con muchas tensiones y sin dejar de ser esencialmente diferente, en Francia se resuelve mediante un suave escalonamiento y matización de los diferentes niveles del terreno. En todo el complejo de Saint-Germain pueden encontrarse por todas partes escaleras grandes y pequeñas, rampas, arcadas, fuentes, paseos rectos y diagonales. La arquitectura italiana parece haberse impuesto por todas partes, eso no se discute, sin embargo, se insinúa la esencia de una nueva concepción del espacio y del jardín: ya no puede reconocerse la existencia de una polaridad

«El Palacio Imperial» de *Schönbrunn*, Viena, Austria

El Palacio, originariamente, tenía que ser construido con una pompa no conocida por arquitectura alguna hasta entonces, sobre la Schönbrunner Berg, donde está hoy la glorieta. El lugar, con vistas a la capital del Imperio, pareció apropiado para residencia del futuro «Rey Sol Alemán». Lo que fue finalmente realizado, debido, entre a otras cosas, a lo excesivo de los costes, es un proyecto algo «más sencillo» en el actual Tallage. El modelo fue diseñado por el gran arquitecto barroco Fischer von Erlach.

Pared de setos con escultura del parque de *Schönbrunn*, Viena, Austria

entre «espíritu» y «naturaleza», ni existe un concertado y decisivo «arriba» y «abajo». Ningún lugar del jardín merece ser más o menos «arte», o más o menos «naturaleza» que cualquier otro – si bien bien aún se notan los problemas arquitectónicos que esto lleva consigo. Si se quiere puntualizar el problema filosóficamente, puede afirmarse que la *peculiaridad*, que constituye la zona central del patio del Belvedere y de la Villa d'Este, se convirtió en el tema principal de todo jardín. Su arquitectura se vuelve por ello un proceso sin principio ni fin, un camino que proviene de algún sitio y conduce a otro cualquiera. Puede que haya «limitaciones», bien sea mediante muros, setos, ríos o calles, pero contempladas desde puestos cambiantes nos parecen arbitrarias, movibles, sin una fuerza realmente limitadora. En este camino puede uno imaginarse también «puntos cumbres», como puede ser el palacio, que en Saint-Germain ocupa un lugar muy céntrico, mientras que en el Jardín de Luxemburgo se orienta hacia la periferia. Estos puntos cumbres no rompen, sin embargo, la línea de continuidad, sino que se integran en el desarrollo gradualmente ascendente y que vuelve a descender de nuevo, y en el «acontecer» del paisaje.

De esta reorientación proceden muchas consecuencias que se desarrollan despacio en la arquitectura francesa de jardines. Tal vez la más importante, por lo que se refiere a Versalles y Luis XIV, resulta del desplazamiento del *eje temporal*. Ligorio había incorporado al individuo la idea del tiempo, para cuyo efecto permitió que el tiempo – entendido como la historia de la casa d'Este – contrarrestara el espacio. El resultado fue una calma ideal que se expresara en forma de alegoría y símbolo. En los jardines franceses, el tiempo alcanza cada vez más

Grutas en el *Jardín del Palacio de Hellbrunn*, Salzburgo, Austria

el eje principal y discurre paralelo al espacio. El resultado se hace pronto visible. Lo que en los jardines del Renacimiento, todavía esparcido y desordenado, parecía obedecer a la ley de la casualidad, se ordena de repente armónicamente uno al lado del otro, como perlas en un hilo. La quietud se resuelve en un fluir más allá. El recorrido de un jardín adquiere así una dimensión temporal que se da a conocer como un principio estructurador y ordenador. Con razón, los dibujos que forman los arriates fueron comparados con los pasos de baile artísticamente ejecutados. La música pertenece al baile por su condición de tiempo numerado. Como música, el tiempo se convierte en el integrarse de las armonías y disonancias cósmicas. Por eso no es difícil imaginarse el éxito que habrá tenido Jean Baptiste Lully en la corte de Luis XIV con sus fiestas musicales que abarcaban todo el parque. Junto con la música, la escultura se introduce cada vez más en la senda del tiempo. Mediante inteligentes emplazamientos de las representaciones alegóricas, arriates enteros se convierten en niveles de tiempo; las vistas, en el cambio de perspectivas del discurrir del día y de las estaciones del año; los paseos, en un sumergirse en las lejanías astrológicas y mitológicas.

No de otra forma se comportan con el *espacio*. El jardín se convierte en un microcosmos en el que están representadas, en una serie escalonada, la «naturaleza» y el «mundo». De ninguna manera basta ya colocar divinidades fluviales aisladas, ninfas o alegorías emblemáticas. De un arquitecto de jardines se espera un programa completo, una «Weltanschauung» en la que los elementos más representativos adquieran un orden, evolucionen y procuren un panorama relacional de la naturaleza y la mitología partiendo de puntos de apoyo razonables. Precisamente porque la *peculiaridad* no conoce una «limitación» clara, son tan importante en ella las «transiciones». El visitante de un jardín debe saber en cada momento en qué plano se mueve, cuándo y cómo accede a uno nuevo, si gana con ello más o menos de espacio y conocimiento – y tiene que poder conservar constantemente una relación con el todo. Eso significa que tiene que poder prever y mirar hacia atrás, y así estar en situación de anticipar sus acciones y pensamientos, o bien estar en armonía con lo que yace tras él, y en lo posible, nunca dejarse sorprender por algo imprevisto. La capacidad de abismar, que es la que hace esa *peculiaridad* del jardín italiano, aquel mundo de ensueño y de dragones de Ariosto, está suficientemente domesticada. Eso no significa que el jardín francés se caracterice por su superficialidad. Todo lo contrario: la «locura» de Ariosto se transforma y se acentúa en Corneille y Racine hasta convertirse en un sentimiento trágico de la vida. Mientras que la comedia de Molière hay que atribuírsela más bien a París y a la burguesía ciudadana, el jardín barroco francés se convierte en el escenario de la «tragédie classique». Tampoco en la obra de Racine puede mostrarse en el escenario lo detestable, lo impulsivo, lo imprevisto. Eso no significa que ello no tenga lugar y que los héroes no puedan, precisamente por eso, considerarse como trágicos, porque ellos saben bien, de qué forma tan fácil un paso en falso puede desembocar en la perdición y la muerte.

En la segunda mitad del siglo XVII, Andrés Le Nôtre consigue realizar con la mayor «délicatesse» esa idea especialmente compleja y sutil de la peculiaridad. Su primera obra maestra es *Vaux-le-Vicomte*. La historia privada del que hizo el encargo, Nicolás Fouquet – sus éxitos, su inmensa riqueza, su desmesurado orgullo y su precipitada caída – se lee todavía hoy como una tragedia clásica. Y puede que exista una interna relación entre Fouquet y la atmósfera arquitectónica del conjunto que, mejor que ninguna otra, da su expresión al sentimiento barroco de la *fugacidad*.

El «secreto» de Vaux-le-Vicomte, si puedo llamarlo así por una vez, no puede encerrarse en ningún grabado antiguo, visión panorámica o fotografía. Una impresión de todo ello sólo puede obtenerse si uno mismo pisa el recinto. Tras dar los primeros pasos se plantea la pregunta, a la que también los italianos, a su manera, dieron respuesta: ¿que y dónde es aquí la «naturaleza»? En Bramante y Ligorio se había dado forma inequívocamente a la idea de naturaleza, a los «cuerpos» y a la «physis» como los niveles más bajos, como la base del jardín escalonado. Todos los planos restantes podían relacionarse con éstos, sea como antípodas, o como mediadores. Le Nôtre da una respuesta totalmente nueva, diferenciándose con ello definitivamente de la arquitectura italiana. Al jardín se le priva totalmente de la exigencia de un planotal. No hay ningún punto de referencia, ninguna base, que pueda certificarse con «fundamento natural» y a partir del cual todo el resto pueda tomar su sentido relativo.

La primera impresión de esta experiencia espacial es confusa: Le Nôtre rodea el palacio con un foso de agua. Uno intenta en un primer momento colocar este espejo del agua como una altura natural. Pero pronto nos encontramos en el parque con otras superficies acuáticas, que descansan claramente a otra altura y que, sin embargo, dan la impresión de «naturales» y «descansando en sí mismas», como en el caso del foso del palacio. El segundo intento pretende situar la casa en el plano cero del recinto. Pero al compararla con el antepatio y con el camino que lo circunda, ésta aparece elevada artificialmente, en especial porque se apoya sobre un pedestal nada insignificante. Volviendo la vista desde el arriate situado más abajo, se siente el palacio como el punto de referencia esencial. Que aquí pudiera tratarse del plano fundamental de acuerdo con la «naturaleza», no parece que pueda creerse con facilidad. Conforme se va uno introduciendo en el jardín,

Vaux-le-Vicomte, Melun, Francia
Ornamentos de bojes de la región de los arriates

se descubre que las medidas de cada plano y las diferencias de altura entre ellos están tan exacta y finamente calculadas que en cada nivel, incluso abajo en el canal, que uno percibe como si estuviese en el terreno de la naturaleza y, sin embargo, por lo que se refiere a su certeza física, parece como si fuese contradicho constantemente por los ojos. Esta ilusión de la evidencia corporal puede percibirse de forma más decisiva si uno se da la vuelta mientras va por el camino que, a través de los arriates, conduce al canal, y ve de pronto que las escaleras del eje principal, que uno ya ha tenido que recorrer poco a poco a través de los distintos planos, se han plegado a sus espaldas, por así decirlo, en una sola. Este complejo de escaleras surgido así conduce directamente desde el punto en que uno se encuentra hacia arriba, hasta las grandes puertas batientes del «salón oval». La dimensión espacial se convierte mediante este orden construido tan cuidadosamente en una grandeza que se encuentra constantemente en movimiento: espacio, superficie y extensión no existen, pues ellos «son»; ellos «pueden» surgir cada vez si uno calcula acertadamente su lugar actual dentro del continuo espacial – pueden volver a desaparecer de la misma forma, si uno cambia demasiado bruscamente su dirección o su perspectiva.

Con ello, la idea de *peculiaridad* encontró por primera vez una realización totalmente independiente. Si piensa uno en las últimas consecuencias de todo esto, los peligros de un mundo encantado como el de Ariosto dan la impresión de ser concepciones que todavía pueden ser superadas. Le Nôtre escenifica en Vaux-le-Vicomte algo mucho más amenazador: la desaparición total de la realidad. En cualquier punto de su arquitectura de jardines tiene que contar con que el

ILUSTRACION PAGINAS 172–173:
Eremitage, Bayreuth, Alemania
Gruta inferior con las fuentes

suelo, sobre el que uno todavía se encuentra tan seguro, puede disolverse en la nada. En la naturaleza como tal ya no puede fiarse uno. El *mundo* ya no es una Arcadia, ni siquiera un cojín para descansar, sino «un saco de gusanos maloliente» que en la corrupción se siente como en casa. Le Nôtre logra abarcar la tragedia de las nuevas ideas en toda su patética extensión. En todo el mundo no domina otra cosa que la «soberbia locura» y la «vanidad». Pocos años antes de Vaux-le-Vicomte aparecen las odas a la vanidad de Andreas Gryphius:

> La magnificencia de la tierra
> se volverá humo y cenizas
> Ni roca, ni mineral quedarán.
> Esto que ahora nos divierte,
> que nosotros tenemos por eterno
> pasará como leve sueño.
>
> ¿Qué son, pues, las cosas todas
> que nos llevan el corazón,
> más que una mala nadería?
> ¿Qué es la vida humana,
> que siempre tiene que estar suspendida,
> más que una ilusión del tiempo?
>
> La gloria que perseguimos,
> que consideramos inmortal
> es sólo una falsa locura.
> Tan pronto el espíritu se aparta,
> y esta boca palidece,
> ya nadie pregunta lo que aquí se ha hecho.
> (de: *Vanitas! Vanitatum Vanitas!*)

Nicolas Fouquet tuvo que experimentar en propio cuerpo la triste verdad de estos versos. Pocas semanas después de su día más glorioso, en el que llegó a ser envidiado incluso por un rey, fue condenado a cadena perpetua. Pero no sólo bajo este aspecto personal, sino también por la esencia misma de su arquitectura, Vaux-le-Vicomte es una seria, casi tenebrosa creación que, como ninguna otra, da forma al sentimiento trágico del mundo de la época barroca. La *peculiaridad* no tiene sólamente este lado tendente a la gravedad, sino que tiende casi con la misma intensidad a *lo general*, a la luz, incluso a la eternidad. Le estaba reservado a André Le Nôtre, igualmente, el colocar en Versalles un monumento único a esta necesidad de brillo y magnificencia, que rompía con toda medida de su tiempo.

El parque de *Versalles* constituye, sin duda alguna, la cumbre máxima de la arquitectura francesa de jardines. No es la intención de estas reflexiones el ir tras la historia de sus orígenes o aunque sólo sea de sus estructuras y de los principios arquitectónicos de las múltiples facetas de todo el conjunto, sino que es de otra cuestión de lo que aquí se trata. Si se quiere ver en el jardín europeo la realización de un paisaje, en el que el arte refleja en forma de naturaleza la idea que tiene de sí mismo, entonces un trabajo teórico tiene que intentar unir la gran variedad de observaciones con los momentos esenciales de las ideas y sólo permitir una «historicidad» en el caso de que sean idénticas la coordinación ideal de las diferenciaciones y la sucesión histórica. Para Versalles esto significa que es válido hallar el punto en el que la serie infinita de particularidades sale fuera de sí misma, llega a un final concreto y duradero y partiendo de él reconoce el principio de toda la serie como tal, lo que puede poner en movimiento todas sus formas concretas. Sólo en el contorno de Luis XIV podía ser recibida la idea de jardín por una idea tal de lo «absoluto».

Lo que primero aparece en Versalles es que el sitio no estaba de ninguna manera predestinado para jardín. La descripción del duque de Saint-Simon habla de un paisaje totalmente desolado, yermo e insalubre. El empeño de Le Nôtre se llevó a cabo *a pesar de* la naturaleza y, en parte, *contra* la naturaleza y no en armonía con una vegetación que fuera frondosa. El terreno tuvo que ser preparado en muchas millas para hacer posible la plantación y el riego. El lado del «arte» y de la «artificiosidad» aparece, en el caso de este jardín, en primer plano.

Es aconsejable, sin embargo, observar más exactamente la idea de naturaleza. Sería falso operar aquí con conceptos de los siglos XIX y XX, de los que se habló al comienzo. La «naturaleza», desde Schelling, tiene que ver con una objetividad que sigue sus propias normas, frente a la que se encuentra, como dimensión trascendental o ideal, un sujeto absolutamente diferente. El sujeto romántico necesita sólo ir al bosque o al jardín – a la manera «biedermeier»– para experimentar la «naturaleza». Al arquitecto de jardines Peter Joseph Lenné habría que incluirlo en este contexto. Tales concepciones eran impensables en el siglo XVII. No se puede hablar de una «subjetividad» inmediata o existente a priori. En la filosofía de Descartes, que tan a menudo se trae a colación al hablar del arte de Le Nôtre, el mundo exterior no se experimenta inmediatamente como naturaleza, sino como «res extensa», como una dimensión alterable, constantemente en expansión y por ello negativamente destructora. La descripción de Saint-Simon no tiene que ver, por tanto, sólo con Versalles, sino con la situación normal del mundo exterior en general, es decir con la res extensa. Si tiene que surgir algo así como la «naturaleza» y un saber de la naturaleza basado en ella, ello tiene que ser producido primeramente por la cosa pensante, por la «res cogitans». Se observa que el pensar es también una «cosa», una «substancia». Sólo a esta substancialidad corresponde el «ser» propiamente dicho, el cual puede ser llevado luego por el pensamiento a las substancias del mundo exterior en forma de conocimientos claros y definidos. Este proceso tiene con seguridad mucho que ver con la arquitectura de jardines. Se comprende al menos la predilección de los franceses por las formas claras y porque el trabajo de creación sea también visible en los objetos. Si se dice, entonces, que un jardín ha sido hecho «contra la naturaleza», ello sólo puede estar referido a la «naturaleza primera», a esa «res extensa», mudable y negada a la armonía. A esto no hay nada que objetar. Es una ley de la razón y una ley de la belleza el convertir algo amorfo en una forma substancial.

Estas diferenciaciones cartesianas no bastan para hacer inteligible el arte de Le Nôtre y la idea característica de Versalles. En la segunda mitad del siglo, la naturaleza aparece de nuevo diferenciada en «Natura naturans» y «Natura naturata» (vid. Spinoza. *Etica* I, 29). La ventaja de este par de conceptos reside en que el elemento racional –el pensar como un objeto que puede juzgarse desde afuera – pasa a un segundo plano y la naturaleza misma puede ser vivida como una diferente en sí misma. Con esto se alcanzó un punto en la arquitectura francesa de jardines que puede equipararse a la decisión de Bramante en el patio de Belvedere. La naturaleza como elemento del jardín se muestra como un proceso activo y esencial que se produce a sí mismo y, en ese sentido, una fuerza libre, y, por otra parte, una dimensión pasiva, determinada por necesidades y leyes y, por ello, dependiente. Con esto la peculiaridad está en su medio más adecuado, el de la *causalidad*, que uno tiene que diferenciar sabiamente de todo cartesianismo. La naturaleza no es ya un problema para el conocimiento claro

Palacio de *Weikersheim*, frente del jardín, Weikersheim, Alemania

La residencia familiar de la Casa Hohenlohe se formó durante seis siglos, desde aprox. 1160 a 1760, hasta llegar a ser lo que es hoy. El jardín barroco fue construido a partir de 1708 según el deseño del jardinero oficial Daniel Matthieu en el recinto que ocupaba el jardín renacentista

y definido, sino una cuestión de su origen y producción. Con el fin de que esta creación – que se manifiesta por todas partes y a todas horas – de un mundo y una vida siempre nuevos no se precipite en el caos del capricho y en la sima de lo caduco, necesita que los fenómenos se sucedan rigurosamente unos a otros, necesita de una «concatenatio» (encadenamiento), que hace que cada cosa proceda de otra y que esté relacionada al menos con alguna otra. La arquitectura de jardines responde, a su manera, a esta exigencia y se encuentra así con la filosofía, es decir, necesita de la *geometría*. El sufrimiento trágico del alma humana, que Corneille y Racine llevaron al escenario; la amenaza constante de perder la realidad, que se experimentó con Vaux-le-Vicomte; y ahora sólo puede salirse al paso del peligro de que la activa «Natura naturans» se desarrolle en una dirección destructiva que la aleje de la verdad y de la belleza, si el orden inmanente al hombre y las cosas es sacado al exterior y allí consigue ser efectivo. Spinoza trata en su ética «more geometrico», el mismo principio con el que Le Nôtre estructura el microcosmos de Versalles.

Para que la geometría, sin embargo, no aparezca como una subordinación de la naturaleza impuesta de forma arbitraria y forzada, la cadena de causalidad necesita de un primer y un último eslabón, o bien de un principio, que una las partes unas con otras en la realidad. Se busca, por tanto, un «finalidad» y una «eficiencia inmanente». En Saint-Germain-en-Laye y en Vaux-le-Vicomte ya habían surgido estos problemas. El eje principal del jardín servía como hilo conductor sobre el que se alienaban los diferentes arriates, las escaleras, rampas, fuentes y edificios. El principio y el final eran, sin embargo, inciertos. El palacio

Palacio de *Weikersheim*, vista de la columnata occidental desde los naranjales

El eje principal, que parte del centro del palacio y está bordeado de gran número de esculturas, conduce a una exedra del naranjal, dividido en dos partes. La prolongación óptica de esta línea conduce la mirada hacia el paisaje de los alrededores.

mismo no podía considerarse como principio suficiente de todo el complejo, pues se le consideraba como una parte de la serie. En Vaux-le-Vicomte se reforzó la infinitud de la serie mediante la aparición de las partes individuales del espacio, conforme a la perspectiva de que disponían, y por su desaparición subsiguiente. En cada escalón estaba contenido todo un arriate «potencial»; sólo había que encontrar el «point de vue» adecuado para poder captarlo. En Versalles se encuentra la respuesta – y ella depende de Luis XIV, de la misma forma que la configuración de Vaux-le-Vicomte depende de Fouquet. La pura «peculiaridad», que no permite ninguna individualidad y generalidad fuera de sí misma y que tiende hacia lo «absoluto», consigue su pureza sólo, incluso, a través de esta tendencia. De ninguna manera puede equipararse el absoluto con la eternidad. Lo absoluto es de una magnitud independiente, real y, al mismo tiempo, ideal. Sólo en una forma tal puede exigir el ser principio y alma, lo que «es». Una identidad tal de la conciencia absoluta y de la realidad ideal fue algo inimaginable para María de Medici y para Fouquet. Sólo Luis XIV vivió y obró en la seguridad de: «lo absoluto soy yo». Versalles se convierte, por eso, en una manifestación de la substancia absoluta. La geometría se revela como el medio adecuado para enlazar la totalidad del ser, incluso la más ínfima y alejada, con el origen absoluto. Con ello el camino de la «Natura naturans» depende claramente de su «causa finalis»: en todo el inmenso parque no hay un solo punto que no sea siempre un camino de vuelta al centro ideal.

En este contexto hay que ver el «Manual para visitar los jardines de Versalles» escrito por el mismo Luis XIV. No hay que ver en ello solamente un capricho

Parque del Palacio de *Laxenburg*, Austria
Puente sobre el arroyo Schwechat y el Templo de la Concordia.

El en otro tiempo suntuoso jardín fue remodelado en un jardín inglés bajo José II (1780–1790) y Francisco I (1792–1835). Este es el jardín que con sus lagos, corrientes de agua, cascadas, puentes, una gruta y otras construcciones, aparece hoy al visitante.

del rey. De las fuentes de la época puede deducirse que hasta dos mil personas visitaban Versalles diariamente. No podía hablarse de alamedas vacías de gente y de un silencio contemplativo. A la vista de tal necesidad de querer ver y experimentar el centro cultural y político del mundo de entonces, el *Roi Soleil* se rebajó – trocando una frase de Leibniz – a mostrar el «mejor de todos los caminos posibles», sobre el que se había alcanzado el máximo entendimiento. No se buscaban placer individual y «relax», sino el introducirse en un plan general que incluía la promesa de acercarse, primero, al creador del plan y, por él, al centro espiritual de todo el jardín y, en una medida aún mayor, a la fuente de poder de todas las relaciones europeas.

Luis XIV conduce a los visitantes por este camino preestablecido a través del parque y también a través de un laberinto. Aquí vuelve a aparecer con claridad toda la diferencia con la arquitectura italiana. Allí el laberinto tomó el lugar del cuerpo encerrado en sí mismo y significaba para todos un peligro que se enredaba en sí mismo. En Versalles está descartado un enredo tal, pues se reconoce su principio, la geometría, y el rey se sabe el representante de la necesidad que domina como fuerza ordenadora, primero en las matemáticas y luego en toda la naturaleza. El laberinto se convierte así en el símbolo esplendoroso de la «Natura naturata». Luis XIV toma tranquilamente al visitante de la mano y lo lleva a la confusión pero permanece junto a él y vuelve a sacarlo de nuevo sin esfuerzo. Puede que surja en todo esto un ligero vértigo, representado por una estatua de Baco que está situada directamente a la salida. Pero como Baco es un dios, el «delirio», la «laetitia» están permitidos en tanto que estén alimentados por el manantial legitimado por la divinidad.

Sería injusto querer ver en esta escenificación sobredimensionada sólo la propia representación de poder político, ya de por sí fácilmente visible, de Luis XIV. Lo «absoluto» separa, sin duda, al rey de todo lo que está por debajo de él; pero él mismo se ve incluido también, a pesar de este absolutismo, dentro de otras dependencias más altas. El Rey Sol no es el Dios Sol. El no se considera en modo alguno como «su propia causa» o como creador de la naturaleza. Estos puestos siguen estando reservados en el Barroco: en la religión Dios está en el lugar más alto, en la mitología Apolo y el sol en la naturaleza, pero Luis XIV es el primer y más alto representante. Con esta idea de la «representación» la arquitectura de jardines francesa halla su forma de expresión más adecuada. También aquí se comporta con esto como con la idea de «naturaleza». Hay que distinguirla cuidadosamente de las ideas que tenemos hoy. Luis XIV no es un mandatario, y no representa ni al pueblo ni a la nación. El siglo XVII no pone el comienzo del mundo en el hombre individual, y mucho menos, en las cosas, en la «res extensa»; pero la libre causalidad en la naturaleza no representa una base sólida para construir sobre ello un modelo de delegación y representación. Al contrario, la activa y la «Natura naturans» en sí libre, corre el peligro de desperdiciar la realidad, que se deshaga entre sus manos y que se precipite en la sima de la privatización. Si algo en este mundo creado necesita de representación, entonces es éste el primer y verdadero principio de la naturaleza, del que todo procede y evoluciona. Este principio está entregado al olvido a causa de la materia que se niega. Y exactamente contra este olvidarse se opone el monarca absoluto al hacer presente (*re-presenta*) la razón, la «Natura naturata», la luz y el «amor Dei», el amor divino. El mundo se vuelve un todo bien ordenado sólo mediante la presencia de estos poderes y se encuentra de camino hacia una colaboración de todas la fuerzas. Para alcanzar la dimensión cósmica, Le Nôtre tuvo que ir lejos. Que el «palacio» no representa el centro de la arquitectura francesa de jardines se manifiesta en Versalles casi con más claridad que en Saint-Germain und Vaux-le-Vicomte. Luis XIV se negó durante muchos años a que se incluyese el palacio de caza de su padre, relativamente pequeño, en las tremendas dimensiones de la planificación de los jardines. Más tarde fue ampliado y renovado, pero nunca demolido y concebido de nuevo. El «jardín» y la «naturaleza incluida cósmicamente» eran de entrada las ideas centrales, de las que había partido Le Nôtre.

El eje principal de todo el conjunto se extiende de este a oeste. De este dato fundamental ya se sirve el arquitecto. Los rayos del sol naciente – por así decirlo del «Grand Lever» – se quiebran en las puntas doradas de la verja del patio, así como en los adornos y en el imponente escudo del portalón de la entrada. Tan pronto como el sol se introduce en el *patio de armas*, en el mismo instante le viene al encuentro su representante con dorada magnificencia. Si existe una dialéctica de la substancialidad, Le Nôtre le ha dado forma en el patio de armas de Versalles: hace que el representante del sol coja la luz, en sí diferente a él, la incorpore a la materia del oro y luego, en esta figura transformada, la presente al sol ya en forma de una reverencia. El arte surge en este proceso exactamente en la línea fronteriza extraída tan brillante y equívocamente de la doble negatividad. Puede que aquí se encuentre el motivo, por qué el Barroco desarrolló una predilección tal por la ornamentación recargada: cuanto más costosas son las guirnaldas y las volutas, tanto más luz y boato pueden ser «representados».

Sigue subiendo el sol hasta llegar al *patio de mármol*. Allí tiene lugar un encuentro aún más importante. Al «Grand Lever» se le junta el «Petit Lever», si de nuevo se quiere interpretar esta ceremonia «cósmicamente». En el centro del piso principal se encuentra el dormitorio de Su Majestad. Es conocido el

Versalles, Francia
Gran verja de la entrada en hierro forjado con el emblema del sol

empleo de medios con que se celebraba el levantarse de Su Majestad, pero no debe olvidarse que esto es ya un segundo y tercer acto. El encuentro del sol con su representante, colocado en la naturaleza misma y escenificado por los arquitectos exactamente en el centro del eje principal, es decir, en el cruce de los cuatro puntos cardinales, es el primer acontecimiento y constituye el auténtico inicio del día. Le Nôtre realiza el acercamiento de ambas partes de una forma tan ambivalente, que ya no se puede distinguir con exactitud, si es el rey el que se levanta porque está ahí el sol y le despierta, o si el sol empieza a lucir porque el rey está ya levantado.

El segundo momento importante del día es el irse a la cama del Rey Sol: «Le Petit Grand Coucher». Quizas este momento es incluso más importante; al menos, Le Nôtre ha logrado superarse a sí mismo en su realización. El *Gran Canal*, uno de sus inventos más geniales, ya cantado muchas veces y en el que, de hecho, se refleja toda la filosofía de la arquitectura de jardines francesa, está orientado exactamente al oeste. Con una flota de recreo conducida por gondoleros italianos, éste servía como diversión para la corte y como telón para las grandes festividades. Su misión ideal, partiendo del fin cósmico de la arquitectura, consistía en lograr que el sol partiese de una manera brillante y digna del escenario del día. En las horas de la tarde, el canal arroja de nuevo sobre el palacio los rayos todavía poderosos del sol como si de un mar de luz se tratase, y ello exactamente en la *Sala de los espejos*, construida en 1678. El canal estaba concluido en 1680, es decir los dos pertenecen a la misma arquitectura. La idea de la representación alcanza aquí su punto más alto. El sol natural es introducido en el palacio mediante un espejo que refleja su forma en el agua. Se repiten los efectos de la mañana, sólo que en una medida mucho mayor: estando ante la ventana del Salón de los Espejos parece como si la luz del palacio alumbrase el jardín y la vida de la corte. Si se mira desde este estado ambivalente de indecisión de la luz hacia abajo, hacia el canal, se tiene la impresión de que el sol se duplica en el agua y se eleva, frente al natural que se va ya poniendo, un sol artificial. Cuanto más tarde sucede esto tanto más individualmente van ambos soles al encuentro uno del otro. Uno se acerca al otro y ambos se ocultan, finalmente, metidos ya uno en el otro. Esto es verdaderamente un *Grand Coucher*. El *agua* cumple aquí la tarea de la generalidad que se disuelve en todo lo particular. Quizás este aspecto se hace más evidente en la arquitectura de jardines francesa que en la italiana, porque la peculiaridad contiene en sí la parte de la generalidad y el camino hacia el absoluto no es otra cosa que un proceso de disolución en niveles cada vez más altos. La fuente Latona permite ver este proceso de forma más plástica. Está situada en el eje principal, directamente antes del arriate acuático, y representa el primer momento de descanso óptico del paseo real. En general, su mensaje es interpretado políticamente: anuncia la victoria del absolutismo. Interpretada mitológicamente muestra a la madre de Apolo que encuentra refugio en la isla de Delos, para poder allí traer al mundo al hijo de Júpiter, mientras sus enemigos y perseguidores, aguijoneados por Hera, se van convirtiendo a su alrededor en ranas y reptiles. Un ejemplo casi exaltado del poder del absoluto, que transforma toda negatividad y privación, en el mundo.

Pero aquel punto ideal de la puesta del sol sigue teniendo un alcance mucho mayor. Hubiese sido absolutamente lícito el recargar este momento de la noche que asciende con el peso de muerte de una arquitectura de *vanitas*, como en Vaux-le-Vicomte. Le Nôtre hace exactamente lo contrario. El logra hacer visible el absoluto como una dimensión que supera la muerte «natural», que la espanta, incluso, pues cerca de la mutua consumación de ambos soles, o, dicho de otra manera, en el momento de la trágica identidad de naturaleza y arte, se eleva desde el agua, con ruido atronador, el carro del dios del sol Febo-Apolo, el hijo de aquella Latona. La mentada puesta se convierte así en la salidad de un sol imperecedero, a cuya vista naturaleza y espíritu, eje espacial y temporal, historia y eterna fama se funden en un proceso absoluto. Le Nôtre celebra en la fuente de Apolo el triunfo del dios mitológico que pervive a través de todos los tiempos y que acude en ayuda fraternal de su representante en la tierra.

Versalles, Francia
Detalle de la fuente

ILUSTRACION DE LA PAGINA 184:
Stowe, Buckinghamshire, Inglaterra
Vista del Templo Griego en el Valle Griego

Jardines ingleses

El jardín inglés de CHATSWORTH
Derbyshire · Inglaterra

Los jardines de Charworth representan cuatro siglos de la mudable historia de unos jardines. Desde 1570 hasta la actualidad, algunas de sus diferentes zonas y panoramas se cuentan entre las más famosas y fascinantes del mundo. Y cada período de gloria tiene aquí que competir con el siguiente por la preponderancia.

El primer complejo ajardinado se remonta a los siglos XV y XVI, y de esa época todavía existe hoy el «Queen Mary's Bower», un pabellón con una terraza panorámica que data de 1570. La primera mención de este jardín la encontramos en el filósofo Thomas Hobbes, en su poema «Da Mirabilibus Pecci», escrito en 1627 y publicado en 1636. El complejo principal de Chatsworth se comenzó en 1685, y, a la manera de Cliveden, Longleat y Boughton estaba fuertemente influido por el estilo francés. Sólo el jardín formal medía 120 acres (1 acre= 4046,85 m^2). Junto con la total renovación de la casa de campo se construyeron los jardines en las laderas del valle. George London (hacia 1650–1714), Jardinero Real en Hampton Court y entendido en jardines y viajero, desempeñó un papel decisivo también en Chatsworth. Junto con Henry Wise diseñó arriates, *bowling greens*, invernaderos, lagos con fuentes (entre ellas la fuentes de caballos de mar de C.G. Cibber) y kilómetros de setos y bojes recortados haciendo figuras. Aquí no puede hablarse de uno sino de muchos jardines, todos ellos adornados abundamente con esculturas que aludían a algo.

Sus contemporáneos estaban impresionados por el contraste entre la circular elegancia de este complejo y lo inhóspito de la zona pantanosa que lo rodeaba. Daniel Defoe dijo de la colina que era «una horrenda altura y un incómodo, estéril e inacabable cenagal», desde el que se podía contemplar «el valle más refrescante con el jardín más agradable y, para resumir, el sitio más hermoso del mundo». Este contraste apenas si puede hoy reconocerse con la misma nitidez, desde que Lancelot «Capability» Brown trabajó alli, ya bien entrado el siglo XVIII.

Chatsworth-House
detalles de los jardines más cercanos al palacio. Grabado de 1779

Fue en particular el terreno pantanoso el que Brown convirtió en jardín en 1750; pero también grandes partes del jardín fueron aradas de nuevo, allanadas y sembradas. Brown llegó a Chatsworth en 1760, tal vez un poco antes. Su aportación más esencial fue, como después en Blenheim, el introducir el río en el parque que proyectó. Esto lo consiguió mediante dos intervenciones que, juntas, daban de nuevo una imagen «natural»: la primera fue el represar el río Derwent, mediante un muro más bien sencillo, convirtiéndolo en aguas tranquilas. Sobre un estrechamiento del río colocó en seguida un nuevo puente al estilo de

Palladio, un diseño de James Paines del año 1763. Sobre este puente construyó Browns el nuevo y sinuoso acceso al palacio. Horace Walpole, que había ido a visitar Chatsworth, pudo constatar «abundantes plantaciones, elevaciones y sinuosidades del río y la expansión del parque a ambas orillas así como el transporte de grandes cantidades de terreno para que el río fuera más visible».

Por suerte no fueron anulados todos los elementos barrocos. La gran cascada construida por Grillet, el discípulo de Le Nôtre, (en 1694 ó 95) en Marly basándose

Parque inglés tras la intervención de Capability Brown
Grabado de 1786

en la «Riviere», se conservó en lo esencial. Cada uno de los niveles de la cascada tienen una anchura distinta, con lo que el agua que cae produce un sonido diferente. Un sistema de tuberías subterráneo conduce el agua hasta la Fuente del Hipocampo, luego a una fuente en el jardín del oeste, y desde aquí otra vez al río. En 1703, Thomas Archer añadió una casa de manantiales en forma de templo en la cumbre de todo el complejo.

En 1826, Joseph Paxton, de veintitrés años, se convirtió en el jefe de jardineros en Chatsworth y permaneció bajo el sexto duque de Devonshire hasta su muerte en el año 1858. Paxton se ocupó esencialmente de trabajos de restauración. Así fue restaurada por Jeffry Wyatville una terraza debajo de la fachada oeste de la casa. Ya en 1963, fue preparado un nuevo y primoroso arriate ajardinado, por lo demás a la manera de la planta de la villa de Lord Burlingston en Chiswick.

Pero Paxton ideó también nuevos cursos de agua, la mayoría en un estilo pintoresco, como son el «Wellington Rock», la «Cascada Robber-Stone», un acueducto en ruinas, la «Fuente Willow-Tree» y la plaza «Great Stove», hoy convertida en laberinto. También alcanzó fama el artístico escalonamiento *AS* de su jardín, adornado con piedras, y el gran invernadero acristalado, en el que Paxton fue el primero en hacer florecer los lirios del Amazonas. Todavía en 1970 fue erigido – no lejos del «Conservative Wall» de Paxton – un invernadero para camelias y otras plantas exóticas – un nuevo pabellón de cristal para albergar la voluminosa colección de plantas valiosas.

ILUSTRACION PAGINA DE ENFRENTE:
Vista del paisaje de parques diseñado por Capability Brown desde
el jardín formal más antiguo de la casa

Jardín inglés de
CASTLE HOWARD
Yorkshire · Inglaterra

Cuando Charles Howard, el tercer conde de Carlisle, encargó en 1699 a Sir John Vanbrugh (1664–1726) la construcción de un nuevo palacio y los jardines pertinentes, éste, que después se convertiría en el famoso arquitecto barroco de la escuela de Christopher Wrens, era un arquitecto de talento pero sin experiencia alguna, no habiendo construido hasta entonces ni siquiera un granero. Cuando muere 27 años más tarde, todavía no estaba concluida el ala oeste de todo el inmenso complejo del palacio, sin embargo Vanbrugh era considerado como el más grande arquitecto de su tiempo. Los dos ambiciosos hombres, que se habían conocido en otro tiempo en el noble «Kit Cat Club» londinense, lugar de encuentro de opositores Whigs, crearon con el Castle Howard un complejo provocador y que marcó época, pues ninguna edificación profana en todo el reino está coronada por una gran cúpula; ninguna casa reunía un bosque tan inmenso de jarrones, estatuas, bustos y chimeneas en sus tejados, y ningún jardín estaba recorrido por una arquitectura en miniatura tan costosa como el del Castle Howard en North-Yorkshire.

Más que por la casa señorial en estilo barroco tardío es por las señales de ruptura del Barroco con el Clasicismo por lo que son notables estos jardines. Pero es esto precisamente lo que lo hace atractivo e importante – lo que puede que no sea verdad en el caso de los puristas de la historia del arte. De maneras diferentes, los complejos ajardinados de Castle Howard, Stowe, Cirencester y Studley Royal se sitúan entre la tradición formalista del siglo XVII tardío y la evolución del jardín inglés que vino a continuación. Vanbrugh, George London y Stephen Switzer, pero incluso el mismo lord aficionado eran los iniciadores de un estilo que, ante todo, quería ser «sublime». Lo que verdaderamente quería

Puente romano y Palacio de John Vanbrugh. Grabado de 1844

conseguirse era lejanía, y no ejes rectilíneos y estériles con monótonas alamedas. Se intentó un alejamiento del rígido canon formal francés sin pretender con ello una revolución de los jardines: se quería cierta relajación, pero de ninguna manera una falta de normas.

En los más de 5.000 acres de este gran terreno de colinas se hallan muchas partes que advierten de tal cambio de estilo. Pero ninguno de estos cambios tiene tanto interés para la historia de los jardines como la historia del arriate sur. En medio de un espacio de césped, en el que se halla hoy la colosal fuente de Atlas – regalo de una Exposición Mundial de finales del siglo XIX – había, hacia 1710,

El Mausoleo de Nicholas Hawksmoore

una serie de pseudoarquitecturas gigantescas, en las que estaban incluidas figuras de metros de altura recortadas en los setos, obeliscos y arcos de puertas. Todavía se discute hoy entre los entendidos en qué medida fue hecho realidad el primer proyecto.

El bosquecillo «Ray Wood», al este de la casa, lo había surcado el lord de sinuosos caminos y paseos cubiertos de vegetación que conducían a varios claros que contenían pabellones circulares, fuentes y saltos de agua, según un diseño del especialista teórico de jardines Stephen Switzer (1682–1745). A principios del siglo XVIII este bosquecillo «natural» tuvo que parecer una atrevida excepción contra el arriate severamente geométrico plantado por Vanbrugh. En todo caso, Switzer anotaba lleno de orgullo en 1718: «Este bosque inolvidable es la cumbre más alta que la natural y galante arquitectura de jardines podrá alcanzar jamás.» Este bosquecito pasa por ser realmente un giro en la historia del arte del jardín inglés. Hoy ya han desaparecido la mayoría de sus estuatuas y en 1970 «Ray Wood» fue completamente transformado en un bosque de rododendros.

Más cercano a la casa, aunque por el lado sur, comienza un «terrace walk» con amplias sinuosidades desde el que se divisan magníficas vistas del extenso paisaje. Este camino, por encima de un lago artificial con un río de ancho curso, asímismo abierto en 1732–34, conduce, dejando a un lado muchas figuras magníficas, al «Templo de los Cuatro Vientos» de estilo Neo-Palladiano, la última obra de Vanbrugh. El punto de referencia más frecuentemente preferido es el colosal Mausoleo (1728–29), de Hawksmoore. Algo más al sur del valle está el «Puente Romano», de Daniel Garrett. En el horizonte, en medio de un inmenso pastizal, se yergue, finalmente, la monumental pirámide de Hawksmoore. La impresión general que todavía deja todo el complejo, a pesar de algunas rudas alteraciones, sigue siendo imponente y de incomparable grandiosidad.

ILUSTRACION PAGINAS 194–195:
Fuente de Atlas y complejo palaciego de Vanbrugh

ILUSTRACION PAGINA DE ENFRENTE:
Templo de los Cuatro Vientos, última obra de Vanbrugh

El jardín inglés de
BLENHEIM
Oxfordshire · Inglaterra

La obra maestra indiscutible de Sir John Vanbrugh es, sin duda alguna, el Blenheim Palace, que el primer duque de Marlborough hizo construir a partir de 1709 tras la victoriosa batalla contra los franceses en Blindheim, Baviera. Si ya la llamativa arquitectura de Vanbrugh puede considerarse como un distanciamiento de las formas clásicas, los jardines originales de Henry Wise pertenecen todavía al estilo de Le Nôtre. El jardinero oficial de la reina Ana plantó sobre la colina enfrente del palacio un inmenso y geométrico arriate de no menos de 31 hectáreas y, aparte, un huerto, en cuadrados, rodeado de un muro de ladrillo. El arriate era un jardín arquitectónico, en el que el verde perenne de los arabescos de boje están en contraste con el polvo de ladrillo y la gravilla de mármol. El segundo golpe maestro de Vanbrugh en Blenheim fue la construcción de un monumental puente al estilo de Palladio. Cuando el duque de Marlborough ya había fijado con su arquitecto el lugar de su casa, se comprobó que en línea directa a la entrada había un escarpado valle. Un pequeño riachuelo llamado Glyme y sus arroyuelos secundarios lo cruzaban y convertían en terreno pantanoso parte de la zona. Para cruzar el cieno se habían erigido dos caminos elevados con unos puentecitos que se utilizaban como atajo del camino de Woodstock a Oxford. Vanbrugh quería que se viese en el cieno un elemento decorativo, debiendo ser adornado y cubierto por el puente más espectacular de Europa. El duque, que seguía todavía siendo prudente, se dejó aconsejar por Wren, que presentó un plan más sencillo y no tan caro. Ni siquiera las críticas de la duquesa a los planes gigantescos de Vanbrugh pudieron impedir, finalmente, que éste ganase la partida y fuese construido el puente, que comparado con el estrecho Glyme parecía excesivo.

Poco después de la muerte de Marlborough, su viuda encargó al coronel John Armstrong, el ingeniero jefe de la casa, el diseño de un nuevo concepto para la conducción del agua. Amstrong hizo canalizar el Glyme y construyó un pantano al oeste, allí donde Vanbrugh había soñado con hacer un lago. El nuevo sistema

Blenheim Palace, la obra maestra de John Vanbrugh
Grabado de 1787

de canales tuvo en cuenta todas las exigencias y surtió de agua al ala este del jardín. Bajo el punto de vista estético se consideró más bien una desilusión.

En 1764, los Marlborough encargaron a Lancelot Brown la configuración del paisaje. Todavía en ese año hizo allanar el arriate y sembrar césped. De acuerdo con su principio de «gras the very door», el césped llegaba hasta la fachada barroca del palacio. Todavía sorprendía más lo que Brown hizo de los puentes de Vanbrugh o del riachuelo Glyme: con excepción de un pequeño trozo – lo que hoy constituye la «Elizabeth's Island» – quitó los dos pequeños caminos de acceso y colocó un dique en la parte oeste del puente así, como un impresionante juego de aguas. El agua inundó el terreno y se estancó en dos grandes lagos entrelazados que se juntaban bajo el puente. La relación de puente y agua quedaba ahora equilibrada, sobre todo porque los pilares del puente estaban sumergidos en el agua y su construcción había perdido parcialmente un poco de grandeza.

El Palacio y el Gran Puente de Vanbrugh
Grabado de 1787

Así surgió un grandioso cuadro ajardinado que supuso una ruptura con el estado de la arquitectura de jardines de entonces. Pero, ¿quién era el hombre que del barroco Blenheim dio forma, tan concienzuda como destructivamente, a otro ejemplo magnífico de la jardinería inglesa?

Lancelot Brown (1716–1783) – que recibió más tarde el apodo de «Capability» porque partía siempre de las «posibilidades» del paisaje para sus proyectos de jardines – fue un discípulo de Kent, quien lo llamó a Stowe. De Kent tomó los característicos grupos de árboles (*clumps*), que encontramos también en Blenheim. Al contrario que Pope, Hoare, Shenstone o Lyttleton, Brown fue el primero con formación profesional de jardinero del estilo del jardín inglés. Hasta su muerte realizó no menos de 211 jardines, de forma que la transformación del centro y sur de Inglaterra en un interminable paisaje de parques se debe en gran medida a él.

Brown estaba menos interesado en la pintura de paisajes o la literatura pastoril que en el efecto directamente sensitivo de los elementos naturales. A él le importaba menos una serie de cuadros ajardinados repletos de significaciones que una extensa composición paisajística. Parque y paisaje tenían que crecer uno en el otro sin una transición visible. Fue muy comedido en lo que al empleo de arquitectura de jardines se refiere, no faltando en ningún jardín de Brown, por el contrario, un lago en forma de serpentina con orillas suavemente redondeadas y más bien desnudas. Los accesos (*drives*) ya no eran alamedas orientadas hacia la entrada, sino caminos divagantes y con abundantes curvas que se acercaban tangencialmente a la residencia de campo. En Blenheim la elaboración de Brown de un terreno o jardín preexistente alcanza su punto cumbre.

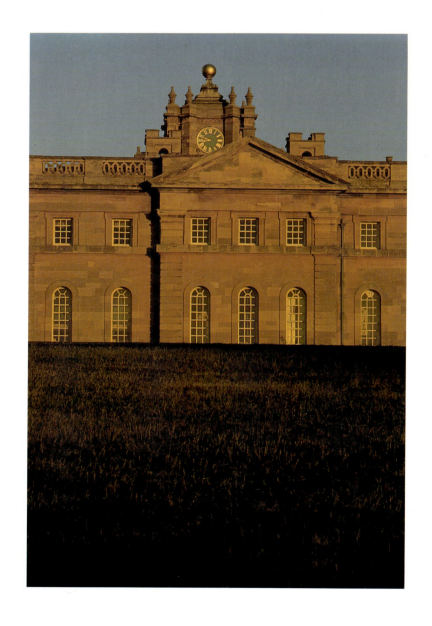

ILUSTRACION ARRIBA:
Jardín de las terrazas acuáticas, vistos desde el balcón del palacio

ILUSTRACION DE LA DERECHA:
Detalle de la gran verja, en hierro forjado, de entrada al patio del palacio

ILUSTRACION DE LA IZQUIERDA:
Fachada del palacio al atardecer

ILUSTRACIONES PAGINAS 202–203:
Tres vistas del paisaje de parques diseñado por Brown

El jardín inglés de
STOWE
Buckinghamshire · Inglaterra

Stowe – hoy un internado con campo de golf – fue en su día el importante centro de oposición, el llamado Country-Party, a los reyes de la casa de Hannover, Jorge I y Jorge II.

Lord Cobham (1699 hasta 1749), un oficial Whig que había obtenido una gran parte de las victorias inglesas sobre Luis XIV pero que luego había caído en desgracia en la corte, reunía allí en torno a sí a un círulo de gente joven (los «Boy-Patriots»), que estaban en desacuerdo con el desarrollo político, e hizo que los arquitectos más progresistas plantasen un extenso jardín que correspondiese a sus ideas político-filosóficas.

Para los planos del jardín de Stowe, para su diseño y su estilo, que se desarrollaron y cambiaron a lo largo de todo un siglo, – como también, por lo demás, para el señorial palacio de villas (Vanbrugh) – se ocupó a una serie de arquitectos y jardineros paisajísticos.

En los jardines se comenzó con el estilo sencillo y formalista de los años ochenta del siglo XVII, pero pronto, hacia 1715, se amplió mucho más el terreno y se fue adornando con magníficos edificios y templos. Hacia 1720 parecía como si Stowe quisiera competir con el mismo Versalles.

El arquitecto de jardines por estas fechas, Charles Bridgeman, no estaba comprometido exclusivamente con la magnificencia y suntuosidad de los jardines formales, pues fue de los primeros en Inglaterra que, aunque tímidamente, dirigían su mirada en dirección al jardín de paisajes. Construyó un muro *Ha-Ha* (Ha Ha es la expresión de asombro) alrededor de todo el recinto ajardinado para facilitar la vista de los alrededores. Hacia 1730, Bridgeman fue sustituido por William Kent, que comenzó a prescindir de los camino y alamedas en círculo. Al este del eje principal conformó los «Campos Elíseos», ligeramente ondulados, aludiendo así al más allá de los griegos y como recuerdo del espíritu de la Italia

El magnífico palacio de Vanbrugh, hacia 1740

clásica, como se ve en los cuadros de Claude Lorrain o Nicolas Poussin. Al arroyo del valle se le dio el nombre del río muerto del Elíseo, Styx, en cuyas orillas, Kent erigió varios templos que se reflejan en el agua, como es, entre otros, el «Templo de la Antigua Virtud», cuyo modelo era el templo romano de la Sibila en Tívoli. Allí se colocaron estatuas del gran poeta Homero, del filósofo

Sócrates, del legislador Licurgo y del guerrero Epaminondas, todos ellos de la antigua Grecia. El «Templo de la Nueva Virtud» se construyó ya en forma de ruina para plasmar la decadencia de las costumbres de la época presente. En la otra orilla del río estaba el «Templo del Honor del Noble Británico», un monumento semicircular, a la manera de las tumbas romanas, en el que se mostraban los bustos de catorce héroes británicos de la virtud, figuras políticas como la reina Isabel I y el rey Guillermo III de Orange; los filósofos Francis Bacon y John Locke; los poetas William Shakespeare y John Milton; el gran Isaac Newton

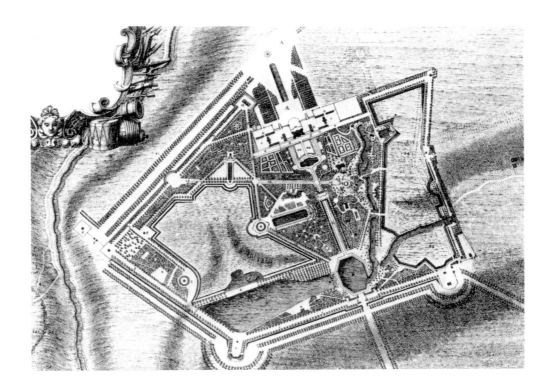

Plano de todo el conjunto, hacia 1740

y otros más. En el «Templo de la Amistad», al final del «Valle del Elíseo», Lord Cobham se reunía con sus «Boy-Patriots» para charlar sobre la caída del gobierno y sobre el futuro del país.

Al oeste, en «Hawkwell Field», surgió un paisaje más agreste y «más natural»: un territorio ondulado, de suaves colinas, que no puede abarcarse completamente con la vista desde ningún lugar, de forma que cada construcción adquiere importancia particular. Al sur está el «Templo de la Amistad», de James Gibbs (1739); al norte se encuentra el puente al estilo de Palladio (de 1740), probablemente también de Gibbs, una de tantas arquitecturas de adorno, típicas de los jardines ingleses. El puente de Stowe cruza la derivación este de un estanque originariamente octogonal, suavizado por Kent en sus perfiles geométricos. Sobre el punto más alto de Hawkwell Field está el «Templo Gótico», de Gibbs (1744). Primeramente se llamó Templo de los Sajones, porque entonces se creía que los sajones habían vivido como ciudadanos libres – todo lo contrario que los franceses bajo su rey tiránico. Por ello, el templo está construido con torrecitas, de alturas diferentes y de forma libre e irregular – como contraste con los edificios regulares de Francia. Lo gótico significaba entonces sobre todo la forma de construir que glorificaba el pasado nacional.

En 1741, Capability Brown fue llamado por Kent a Stowe. Como primer jardinero tuvo una participación importante en la construcción del «Valle Griego», un paisaje de extensos y suaves prados al norte de los «Campos Elíseos».

ILUSTRACION PAGINAS 206–207:
Paisaje de los lagos y del parque con el Templo y el Puente romano, según Brown

Puente de estilo Palladio sobre el brazo este del lago

Reproducción de un puente de piedra romano

ILUSTRACION ARRIBA:
Templo de los Sajones, en estilo neogótico,
en el punto más alto de Hawkwell Field

ILUSTRACION ABAJO:
Paisaje según Capability Brown

ILUSTRACION DE LA DERECHA:
Frente del jardín del palacio de John Vanbrugh

Jardín de STOURHEAD
Wiltshire · Inglaterra

Hacia mediados del siglo XVIII surgió la moda, entre los nobles y estudiosos ansiosos de reformas, del gusto por el jardín. Muchos influyentes jardines de esta época fueron diseñados y construidos por sus adinerados propietarios – en parte con el asesoramiento de entendidos. En su «grand tour» hacia los lugares de la cultura clásica en Italia recibieron algunos estímulos que trataron de realizar sobre suelo patrio. Junto a Woburn Farm, Pains Hill (ambos en Surrey) y The Leasowes, del poeta William Shenstone, es sobre todo Stourhead, en Wiltshire, un ejemplo a destacar en la tradición inglesa.

Henry Hoare d.J., banquero y financiero del círculo de amigos de Alexander Pope, con treinta y seis años se retiró casi completamente a la casa de campo de su padre e inició la construcción de un jardín. Diseñó primeramente un lago central, en cuyo camino, a lo largo de la ribera, situó un número reducido de templos de varias clases que debían representar cada uno de los escenarios del poema clásico de la «Eneida». El arquitecto de Hoare era Henry Flitcroft, que, como hombre del círculo de Lord Burlington, realizó estos pasos en el estilo palladiano. Una señal más de que Hoare seguía las tendencias «naturales» de Burlington y Kent fue la plantación en el terreno, completamente transformado, de abetos y hayas. Hoare planificaba a gran escala y el paisaje campesino, caracterizado originariamente por el cultivo de la tierra, pronto se transformó en una escena de bosque y agua. Los actuales, y para allí característicos, rododendros y arboleda son plantaciones posteriores y ahistóricas.

El jardín es una de la creaciones más impresionantes y mejor conservadas de la arquitectura de jardines clasicista en Inglaterra. Rara vez se consigue una conjunción tan llamativa del sentimiento individual de la libertad, del ensalzamiento de la naturaleza según Rousseau y el culto neohumanista de la Antigüedad como en la obra de arte total que es Stourhead.

Vista, desde la colina de Diana, de la copia de Hoare de un cuadro de paisajes

Si Kent había utilizado la forma de la composición de la pintura de paisajes para la realización de las vistas tridimensionales del jardín, Hoare consiguió por primera vez en Stourhead una copia asombrosa y pictórica de un cuadro de paisajes con los medios de la naturaleza. El cuadro «Eneas en Delos», de Claude Lorrain, le sirvió de modelo para este panorama «natural» de jardines. Los paisajes imaginados por Lorrain eran en Inglaterra cotizados objetos de colección, prototipos de la armonía del hombre con la naturaleza y de una visión del paisaje que glorificaba la Antigüedad y la luz del sur. Hoare poseía también copias de

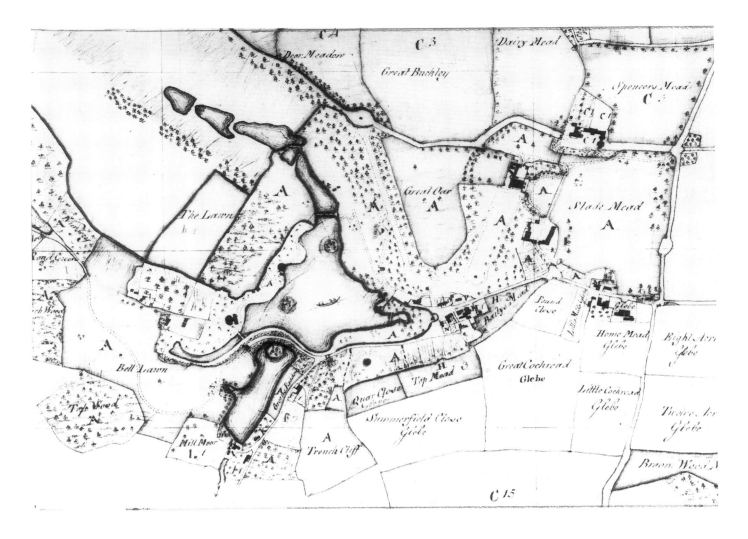

Plano de todo el conjunto, 1785

Lorrain. Un jardín rodeado todo por un camino tenía la ventaja de ofrecer un cambio secuencial de los cuadros del parque conforme se iba paseando.

Si se mira desde la aldea por encima del lago, se abre un cuadro tridimensional de la naturaleza que imita conscientemente los paisajes clásico-pastoriles de Lorrain. En la ribera de enfrente, entre islas, enmarcado por viejos árboles y reflejado en el agua se yergue una versión algo reducida del Panteón romano. Este había sido siempre muy apreciado como motivo en los parques clasicistas (por ejemplo en el Chiswick de Burlington), pues mediante él se podía transmitir al público, con la cultura suficiente, una serie de alusiones: sobre la caída del Imperio Romano (con el Panteón como único templo totalmente conservado); sobre su transfondo panteísta; sobre su simbología cosmológica, pero también sobre lo que tenía que ver con la inspiración de Palladio y el estilo Neo-Palladio inglés; sobre la pintura de la Arcadia y, naturalmente, sobre el recuerdo del propio viaje a Roma en sus años jóvenes. El camino, diseñado cuidadosamente, alrededor de todo el jardín puede entenderse como la búsqueda de la «Nueva Roma» y de la sociedad ideal.

Estando, por el contrario, frente a esta arquitectura de escenario y mirando hacia atrás por encima del lago, aparece un cuadro más de jardín bucólico, esta vez romántico-inglés: un puente de piedra de estilo Palladio está situado sobre un brazo lateral del lago, y detrás la pequeña aldea de Stourton – una serie de «cottages» cubiertos de yedra al estilo Tudor. Sólo los puristas consideran la escenificación regional en la campiña arcádica como una ruptura de estilo. Ella da testimonio de la visión de Hoare de hacer renacer la Arcadia también en Inglaterra.

Puente de piedra de estilo Neo-Palladio
siguiendo el modelo romano

Copia reducida del antiguo
Panteón romano

ILUSTRACION ARRIBA Y ABAJO:
Iglesia del pueblo y crucero neogótico
a la salida del parque

ILUSTRACION DE LA DERECHA:
Vista del Templo de Apolo

IV. El mundo como espectáculo

En la búsqueda de cada una de las ideas de jardín tanto en la arquitectura de jardines italiana como en la francesa, la cuestión de la «naturaleza» se ha cristalizado como la primera y más importante. En este punto ha habido respuestas que no se hubiesen esperado a partir de un entendimiento directo. Lo admirable está en que, en la elaboración gradual de la idea de jardín francesa, se cambiaron no sólo la forma exterior, los elementos aislados y su ordenamiento, sino que el concepto de naturaleza sufrió un profundo cambio. En los italianos, la «naturaleza», en el marco de la individualidad como *physis* y cuerpo, como jardín de hierbas y huerto, había constituido sin duda la base del jardín; su realidad ideal, sin embargo, la extrajo solamente de su polaridad inmanente de «espíritu» y «arte», así como del proceso intercomunicador de ambos, que tomaba forma en una polifacética y extremadamente fantástica arquitectura de terrazas y de fuentes.

Frente a esto, a la arquitectura francesa de jardines se le achacó ya muy pronto, a pesar de la maestría de un André Le Nôtre, de «antinatural». La diferenciación de la naturaleza en «Natura naturans» y «Natura naturata», hecha en el contexto de la idea de particularidad, muestra, sin embargo, que, precisamente en Versalles, Le Nôtre ha hecho del tema de la naturaleza su asunto principal. El jardín francés no trabaja con polaridades y, por tanto, no lo hace con terrazas y elementos que se confrontan. Su interés está orientado a la *causalidad* en el acontecer de la naturaleza, al poder de la necesidad y a la fuerza de las leyes efectivas en la naturaleza. Así, quiere alcanzar «more geometrico» el largo camino de devolver las cosas de nuevo a sus orígenes y disfruta, al mismo tiempo, de la efectividad de esos orígenes absolutos en todas sus partes. Si a esto se añaden las representaciones alegóricas y mitológicas, vemos que en la arquitectura francesa de jardines se trata nada menos que de representar a la naturaleza en su extensión cósmica, incluso en su extensión panteísta.

Con esta diferenciación se confirma la premisa formal de las reflexiones iniciales, de no permitir conceptos rígidos y *no* partir de que el «bosque» es igual a «bosque» y «naturaleza» igual a «naturaleza». Si uno está dispuesto a admitir una reorientación fundamental a nivel ideal, uno está capacitado para ver en los jardines barrocos franceses una arquitectura de jardín inglés, que logra una realización esencial de la idea de naturaleza.

En los jardines ingleses del siglo XVIII ya no parece constituir esta cuestión problema alguno pues adscribieron la «naturaleza» en su bandera y alcanzaron en pocos decenios la victoria contra el racionalismo y el formalismo de la arquitectura de jardines en toda Europa. El jardín inglés ha gozado hasta hoy de un aprecio ininterrumpido. Pero aunque la idea de naturaleza que se expresa en él esté muy cerca de la idea actual, hay que preguntarse si la cercanía e ininterrupción natural que se le exigen se corresponden con el paisaje de un William Kent y de un Lancelot «Capability» Brown.

El jardín de proveniencia francesa y diseñado «según la forma» fue un declarado enemigo de los arquitectos ingleses. La reorientación tuvo lugar primeramente mediante una reflexión sobre Italia. William Kent, uno de los iniciadores, estudió en Roma, encontró allí a Lord Burlington y viajó con él por muchas partes de Italia. Pero en general los conocimientos sobre Italia formaban parte de la formación elemental de cualquier inglés culto; y eran precisamente estos jóvenes y cultivados nobles los primeros que introdujeron como «dilettanti» sus ideas opositoras en la creación de los jardines ingleses.

Observando el *canon fundamental*, más tarde fuertemente normalizado, de la arquitectura de jardines inglesa, se comprueba que sus leyes fundamentales

Petworth, West-Sussex, Inglaterra
Un pequeño templo en medio del jardín

ILUSTRACION ARRIBA Y EN LA PAGINA LA IZQUIERDA:
Parque *Rosendael*, Arnheim, Holanda

Un paisaje de parques y lagos distribuidos irregularmente forman la imagen de este complejo de jardines de Gelderland. Los escalones de agua (arriba), situados a la orilla de un lago, están flanqueado por dos esculturas que representan a los dioses Mercurio y Neptuno, o ¿tal vez son alegorías del Rin y del Ijssel?

no sólo tienen poco que ver con la idea de jardín de los italianos, sino que más bien están en contra:

1. Los italianos dan a sus jardines esencialmente una estructuración por medio de «terrazas». El alejamiento inglés del «arriate» francés en ningún caso significa la vuelta a la terrazas, sino, bien por el contrario, el decidido apoyo al precepto de que no debe haber terrazas. El paisaje tiene que ser cubierto suavemente de colinas, sin interrupciones o esquinas, sin ángulos ni plomadas.

2. No deben existir más ejes principales y transversales que seccionen el jardín en compartimentos diferenciados. El ángulo recto se desecha. Los caminos deben «serpentear» en el paisaje. El principio de Kent afirma que: «la naturaleza detesta la línea recta». William Hogarth llega incluso, en su obra *Analysis of Beauty* (1745), a denominar a la *serpentina* la «línea de la belleza».

Si, conforme a esta intención, los caminos serpentean graciosamente a través de los prados y de las colinas, no pueden ni deben aparecer *escaleras* o complicadas construcciones de *rampas*, que eran imprescindibles en los jardines italianos para que tuviesen una clara compartimentación y consciente estructura.

3. Hay que evitar totalmente los juegos de aguas. Esta es una de las consecuencias de la nueva concepción de los jardines ingleses. El agua no había empezado con los franceses, sino ya, como «líquido configurador», en los jardines italianos

había realizado el auténtico trabajo de mediación entre la «naturaleza» y el «espíritu», lo que aquí designamos como el modo de la peculiaridad. Las fuentes señalan la posibilidad de que las partes individuales de la lenta materia puedan fundirse mediante el arte y el esfuerzo espiritual en una unidad mayor y poder así superar las diferencias en altura del espacio. El agua hacía visible la fuerza «pneumática» del espíritu, porque sabía cómo representar las «evoluciones» y las «transformaciones». La prohibición de los juegos de aguas muestra a las claras que los ingleses, en su entusiamo por Italia, tuvieron que inspirarse en otra cosa que en este aspecto central de su capacidad intermediadora.

4. Los arriates recortados son sustituidos por *superficies de césped* iguales y sin fronteras, que, según las posibilidades, llegan hasta la misma casa. En un jardín inglés prototípico no se hallarán ni *un seto recortado*, ni un laberinto, ni una *empalizada* ni un terreno todo *rodeado de muros*.

También estas decisiones pueden entenderse como un alejamiento del concepto italiano de jardín. La *frontera*, de la que tratamos aquí, había sido tan importante para los italianos porque por ella la naturaleza podía ser representada como un producto claramente delimitado e individual. La manera con la que, en la arquitectura de jardines, se ha tratado el concepto de «frontera», puede presentarse inequívocamente mediante tres posiciones fundamentales, incluida la de los ingleses:

– La *clara frontera* marca las diferencias, garantiza – en cuanto descarta todo lo extraño – la individualidad y posibilita la «libertad» como desprendimiento tanto de los otros individuos como de las totalidades superiores. Esta frontera lleva consigo, al mismo tiempo, el abismo en sí como «laberinto» y vive en el constante peligro de la autodestrucción física y espiritual.

– Los *arrietes recortados* rompen con la severidad. Esto lleva unas a otras las

ILUSTRACION ARRIBA E IZQUIERDA:
Rousham, Oxfordshire, Inglaterra

Rousham, en gran parte obra de gran arquitecto de jardines William Kent, pasa por ser casi el ejemplo perfecto de un jardín de estilo inglés de principios del siglo XVIII. Kent realizó una serie de «Escenas» – comunicadas entre sí sólo a través de estrechos senderos, sin embargo cuidadosamente separadas unas de otras – de forma que los distintos pabellones, fuentes y esculturas son presentados al visitante en una secuencia ya preparada de antemano; por enésima vez cada uno de los escenarios tienen dispuestas vistas sorprendentes del extenso paisaje de Oxfordshire.

partes individuales, las junta en una sociabilidad artística y vive en el placer del diálogo espiritual de todas sus partes y líneas. Es la permanencia del todo lo que constituye un problema. El arriete recortado se convierte en coreografía de una forma de vida que oscila entre la caída trágica y la brillante conquista de una dimensión absoluta.

– El *césped* de los ingleses no permite la línea individual ni diálogo alguno particular. Es el triunfo de lo general. Esta generalidad afirma ser la «misma» en todas partes: igual de presente, de justa, de acogedora y suave, igual de fértil y viva. Tratándose del césped, «los peligros», según afirma el arquitecto de jardines inglés, son impensables, están incluso excluídos. En él no puede uno extraviarse, sino sólamente sentirse bien. Al no permitir diferencias, tampoco pueden surgir injusticias, pues desde él todos los hombres son tratados por igual, da lo mismo que sean reyes o mendigos. En este sentido es antimonárquico. Querer entresacar de él la exigencia de lo «absoluto» o el requerimiento de un «absolutismo» o un sistema de señores, cuyo principio está más allá de él, es un contrasentido o no puede fijarse en punto concreto alguno.

Con esta nueva idea, los ingleses dan el paso hacia la «Ilustración». Se trata, pues, no sólo de una modificación de la forma de los jardines, sino de una nueva forma y manera de ver a los hombres, sus sentimientos y esperanzas, los relaciones políticas, en una palabra, todo el mundo. Por ello merece la pena de forma particular estudiar más de cerca las pretensiones y la realidad del concepto del jardín inglés.

Como se ha demostrado que el único interés de los ingleses se orientaba hacia la «generalidad», se entiende por qué éstos eran tan escépticos frente al concepto de naturaleza de los italianos, tan dominado por limitaciones, líneas divisorias y cuerpos individuales. Si no existen niveles altos y bajos, tampoco se necesitan

ILUSTRACION PAGINAS 224–225:
Petworth, West-Sussex, Inglaterra.
Ruinas de un templo en el jardín de estilo inglés de Petworth House

procesos que medien entre ellos. Escaleras, rampas y fuentes no pueden cumplir tareas con sentido si, según su esencia, no puede distinguirse una plaza abierta arriba, sobre la colina, de un umbroso bosque, abajo en el valle. Si se quiere puntualizar el sentimiento de los ingleses respecto a la arquitectura de jardines italiana, se puede decir que aquéllos sólo se interesaron por un sola zona de la arquitectura de terrazas de Bramante, y ésta fue la de más arriba, la del belvedere propiamente dicho. Este es el lugar del «hermoso panorama», del «arte», en su sentido más amplio, de la generalidad.

Aquí residió la clave de la idea de los jardines ingleses y de la posición que tomó frente a la dos formas anteriores. De ninguna manera se coloca en un puesto por detrás de las pretensiones de los italianos y franceses, orientadas a lo espiritual y al arte. Ella los supera, incluso, varias veces, ya que sólo concede valor a lo que tiene generalidad. Y la exigencia de generalidad no significa aquí algo diferente que en las dos posturas anteriores, es decir, que «naturaleza» es lo que como naturaleza está puesto, permitido y desarrollado por el arte. Es de todas formas extraño que uno se incline tan fácilmente, en el caso de los ingleses, a pasar por alto la severidad de su dictado artístico y a considerar sin reservas como naturaleza «intacta» un paisaje preparado y construido según unas reglas exactas. También en este caso se trata de un mundo del arte calculado con precisión, como en el caso de los italianos y franceses.

Si los juegos de aguas estaban prohibidos, ello no significa que se renunciase en general a emplear el agua. Vedado estaba sólamente el que como lago, fuente oval o surtidor tuviese un aspecto individual. Sólo una forma estaba permitida, junto con el arroyo que corría sin canalizar: el *lago* como una concentración de agua de ancha superficie y orillas irregulares. Esta irregularidad es una norma obligatoria. «Capability» Brown construyó innumerables lagos diseñados de forma casi idéntica, para lo que hizo represar pequeños arroyos «determinando de antemano» el curso exacto de las riberas que surgían con ello.

El pensamiento de la «predeterminación» es aquí totalmente apropiado. Está en concordancia con la *Teodicea* de Leibniz publicada en 1710 en Amsterdam, es decir, sólo unos pocos años antes de la aparición de los primeros jardines ingleses de Twickenham, Chiswick y Stowe. Para la nueva concepción de naturaleza dos temas son especialmente relevantes. Él primero es del *contingencia*. Frente al principio de identidad, cuya verdad se basa en la necesidad matemática y en la frases idénticas, Leibniz pone un segundo principio: el del motivo. El necesita este principio para no tener que reducir «more geometrico» la diversidad de las cosas a una severa regularidad. Hay muchas cosas en el mundo que no tienen necesariamente que existir, argumenta Leibniz, pero que, sin embargo, tienen *un buen motivo* por el que están ahí y por el que «ellas» están en lugar de «otras». Esta segunda manera de la existencia no está basada, pues, en la identidad o la ley, sino en la *elección* y la *libertad*. Precisamente a este modo de ser lo denomina Leibniz contingencia. A menudo se interpreta como «casualidad», pero esto es un malentendido. La casualidad no tiene *ningún motivo* y se basa en la arbitrariedad. La contingencia, por el contrario, obedece ciertamente a un principio, el «Principle of Reason». Este principio une toda existencia que aparezca casualmente a través de motivos buenos y claros y ello debido a la libertad y al poder de decisión. La época se llama «Age of Reason», su principal representante en Inglaterra fue Alexander Pope. El que este poeta, muy estimado en su tiempo, se convirtiese, a través de la ampliación de Twickenham, en el fundador del estilo del jardín inglés, no pudo ser sin una relación interior. De qué forma, en particular, decidió la relación de «nature» y «reason», es algo que trataremos después.

El segundo tema tiene que ver con la generalidad misma. La «vivencia de la Teodicea», propiamente dicha del hombre, está en que el mundo no podrá jamás ser conocido en su totalidad. Uno está siempre confrontándose con fragmentos y detalles y tiene que contemplar la existencia de injusticias por todas partes y de falsos poderes que mantienen el poder en sus manos. Una reacción comprensible a todo esto sería la duda y el escepticismo. Frente a esta postura resignada la *Teodicea* contrapone su optimismo. Ella afirma que una visión del mundo que tenga en cuenta ambos principios de la razón tendría como resultado el que el verdadero señor del universo fuera un poder justo y que, a pesar de todos los males, el bien prevaleciese en el orden general preestablecido. La *Teodicea* se enfrenta a la apariencia externa y exige del hombre confianza en la fuerza de la razón.

De forma totalmente análoga puede interpretarse la vivencia del lago en el jardín inglés. El lago, en su serena extensión, representa una unidad portadora de vida cuyos agradables y bienhechores efectos hacia todos lados la «supone» como tal existente, pero que nunca «se manifiesta». Aquí se muestra la analogía: esta general efectividad no debe darse a conocer al observador y paseante individual. Las serpenteantes orillas, el trazado de los caminos, las diferencias de altura, la existencia de árboles, las pequeñas islas en su centro, todo ésto tiene que estar de tal manera calculado que el lago no pueda ser, desde parte alguna y por nadie, totalmente abarcado con la vista. Como el dios de la *Teodicea* es uno que se esconde, así el lago en el jardín inglés es uno que se niega. Sin embargo, tiene que captarse a sí mismo y convencer al paseante de su generalidad. Esto sucede por medio de vistas insospechadas que el arquitecto ha pre-

Studley Royal, North Yorkshire, Inglaterra

Studley Royal es la creación de un político fracasado: John Aislabie era el canciller del tesoro con los Whigs. Ruinosos negocios de especulación como jefe de finanzas de una sociedad comercial con los Mares del Sur lo privaron del cargo y de la dignidad. Lo que él entendió como huida de un mundo desagradecido se convirtió en su segunda carrera.

Son famosos sus lagos lunares en el centro del jardín. Un lago circular en medio de suaves prados está enmarcado de tal manera por dos lagos arqueados, que vienen a formar un semicírculo. Esta extensa exedra adquiere mediante un borde de tupido bosque como final y transfondo la forma de un teatro antiguo. En el cénit del semicírculo, Aislabie erigió un templo según un modelo clásico (Templo de la Veneración), que se refleja maravillosamente en el agua.

parado para él en cada curva. La meta declarada es la sorpresa del amigo de la naturaleza, su asombro y, con él, la confianza cada vez mayor en las positivas fuerzas de la naturaleza.

Este momento religioso en la vivencia del jardín inglés no hay que pasarlo por alto. Que en un paisaje tal exista un orden preestablecido lo atestigua William Shenstone, asimismo un arquitecto amante de jardines, de forma particularme clara. Este fijó exactamente todo el paseo alrededor de *The Leasowes*, construido por él, mediante vistas panorámicas y por medio de letreros colocados por él, enfadándose si un paseante no se atenía al orden que él había prescrito. Esta pretensión no está tan alejada del plan de recorrido que Luis XIV había preparado para Versalles, a no ser por la prescripción de una vivencia de la naturaleza, que debe estar basada en la contingencia y la libertad – que refuerza aún más la impresión de presión y de rigidez. Lo mismo puede decirse de la rígida prescripción de la *serpentina* como «línea de la belleza». La «necesidad» y la «determinación» no son cualidades como «azul» o «líquido», que a una cosa le va bien y a otra no, sino «modalidades» que resultan del uso y de su unión a un principio. Si una serpentina es declarada la línea obligatoria del jardín es porque serpentea y no porque esté menos obligada y determinada que una recta o un cuadrado. La necesidad matemática es, en su caso, la misma que en las formas convencionales. Al principio del siglo XVIII ya hacía tiempo que las matemáticas tenían que ver no sólo con los elementos de Euclides. El cálculo diferencial y de integrales, es decir el cálculo de curvas y superficies irregulares, representaba en ese tiempo ya un asunto cotidiano. La serpentina recuerda de forma llamativa al recorrido de una curva diferencial clásica con un mínimo y un máximo. Vista así, la arquitectura inglesa de jardines representa un homenaje extraordinario a las matemáticas de su tiempo.

A la vuelta del siglo existió una famosa disputa filosófica entre John Locke y Leibniz sobre la cuestión de si las ideas eran «innatas» al hombre o si eran meramente «aprendidas», siendo así exteriores al espíritu. El empirista Locke defendía el último punto de vista, mencionando que los niños subnormales no disponían de idea alguna precisamente porque no había aprendido ninguna. Leibniz intentó contradecirle mediante un ejemplo sacado de las matemáticas: si, de forma totalmente arbitraria, se quieren dibujar sobre una hoja de papel unas líneas y curvas sin relación entre sí, en la mayoría de los casos se parte de la idea de que en ello sólo ha influido la casualidad sin regla alguna y sin razón interna. Tanto mayor será entonces la sorpresa si aparece un geómetro que pinta un sistema de coordenadas y, tras algunas reflexiones, halla una función que contiene el recorrido exacto de las líneas. La consecuencia será: aún en el caso de que no conozca directamente la fórmula, lo irregular no es argumento alguno para la ausencia de la razón. Al empirista puede respondérsele que también en los niños disminuidos psíquicamente puede hallarse una razón interna, sólo que los demás hombres no la pueden reconocer siempre inmediatamente.

Si uno aplica a la arquitectura de jardines la consideración de que una línea irregular no es menos geométrica, y ni siquiera menos rígida, que una recta o que un rectángulo, entonces uno tiene que admitir que un paisaje de Lancelot Brown no está menos «determinado» que un arriate de André Le Nôtre. La diferencia reside sólo en que, en el caso del francés, es una *regla* mientras que en el caso del inglés es una *función* la que garantiza la rigidez. La regla asienta una clara forma de determinar, mientras que una función trabaja con tamaños variables y por ello es general. Esta generalidad no descansa sólo en la línea sinuosa, sino también en las superficies que ella abre. No sólo el lago; también los senderos y los prados, las colinas y los valles poseen, por decirlo así, el mismo

Studley Royal, North Yorkshire, Inglaterra

En la orilla Oeste del jardín, en una ligera hondonada, se haya Fountains Abbey, las ruinas de un iglesia y abadía cistercienses del siglo XII. El hijo de Aislabie, William, lo integró en su jardín, con lo que acentuó el carácter romántico y pintoresco de éste.

Mellerstain House, Berwickshire, Escocia
Este jardín plantado en 1909 nos muestra que la tradición del jardín inglés ha continuado hasta nuestro siglo. También en este caso un jardín formal que está cerca del palacio – una auténtica rareza para Escocia – está incorporado al paisaje que lo rodea.

espíritu – permaneciendo al mismo tiempo, sin embargo, manifestación de una función. Los contemporáneos notaron enseguida la sujeción del paisaje de Brown y lo achacaron de «esquemático». Esto, sin embargo, no supuso interrupción alguna en el convencimiento y éxito de la serpentina.

Lo importante que es la idea de la generalidad para el jardín inglés puede mostrarse especialmente bien en el tratamiento que se hace de cada árbol – el *árbol solitario*. A partir de Kent, estos árboles pueblan las espaciosas praderas y se yerguen como héroes solitarios en medio del paisaje. Para justificar lo pictórico y el origen orientado a lo plástico del aislamiento de los árboles solos se acude gustosamente a la pintura paisajísta barroca, ante todo a Claude Lorrain y Jacob van Ruisdael. Con todo lo seductor que pueda resultar este pensamiento, tanto menos puede resistir una observación más exacta. De hecho podemos hallar en los cuadros de Lorrain muchos árboles en grupo o aislados, en los que deben haberse inspirado Kent y Brown con sus «clumps». La concepción de un cuadro de Lorrain toma una dirección completamente diferente a la de un jardín inglés. Lo que Lorrain suele pintar son paisajes nocturnos. El sol en ellos se está poniendo o acaba de ponerse en medio de amarillos opacos. Tanto la arquitectura con sabor a antiguo como los barcos que vuelven y las gentes que los esperan quedan impregnados de la melancolía de lo fugaz y pasajero. Pronto será noche cerrada y no habrá nada. Todo queda sometido a las tinieblas de la muerte. En el caso de Jacob van Ruisdael no es de otra manera. Ningún otro pintor holandés ha sabido darle al paisaje colores tan sombríos y dominados por la *vanitas* como él lo ha hecho. Si Claude Lorrain pinta un árbol o un grupo de árboles, les destina, por lo general, aquellos personajes a los que se refieren los títulos de

Mellerstain House, Berwickshire, Escocia
Una amplia superficie de césped lleva del jardín del palacio hasta el lago, situado en un entorno boscoso. El lago estaba trazado originariamente en forma de un canal holandés, lo que hoy ya no puede reconocerse.

sus cuadros: *Abrahám se despide de Hagar*; *Jacobo con Labán y sus hijas*; *Eneas en Delos*. Si se actualiza el contenido de estas historias, no puede pasarse por alto el carácter esencialmente trágico de los paisajes de Lorrain. En los árboles que pinta encontramos traiciones, desengaños y decadencia, mientras que su arquitectura nos habla de frustraciones pasadas y de un futuro fatal.

Esta idea fundamentalmente trágica está totalmente ausente de los jardines ingleses. Como ya se apuntó, éstos fueron ideados para excluir el abismo de la individualidad y los trágicos peligros de la peculiaridad. Ni las monstruosidades de Ariosto ni los destinos de Racine tendrán lugar en un jardín inglés. La literatura, que se corresponde con la arquitectura ligeramente ondulada de William Kent, proviene de la pluma del poeta clasicista Alexander Pope, hoy ya apenas leído. Esta afinidad, documentada por Twickenham, suele pasar inadvertida, ya que se prefiere relacionar la arquitectura de los jardines ingleses con el Romanticismo y Pope no muestra rasgo romántico alguno. El Clasicismo del siglo XVII, por otra parte, que lo uniría a Lorrain y Poussin, no es asunto suyo. Es verdad que versifica en estricto verso blanco y se atiene a un rígido esquema de rimas, sin embargo, ya en su poema *The Rape of the Lock*, escrito en 1712, se enfrenta de una manera ingeniosamente burlesca con el mundo de Ariosto y el culto al héroe barroco. Tampoco en sus obras posteriores se sigue interesando por los caracteres individuales, sino solamente por cuestiones generales de la «moralidad», de la «virtud» o de los «peligros del criticismo». De acuerdo con esto, escribe en 1734 un *Essay on Man*, en el que plasma al ser humano por excelencia: la naturaleza es el único camino transitable para el hombre, conduce a la meta sólo si uno vuelve la espalda a las pasiones y se deja guiar por la fuerza de la virtud. La realización del ideal para Pope tiene lugar si el «cuerpo» y el «espíritu» constituyen una unidad y en esa eterna unión adquieren forma como «arte»:

> Th'Eternal Art educing good from ill,
> Grafts on this Passion our best principle:
> 'Tis thus the Mercury of Man is fixed,
> Strong grows the Virtue with his nature mixed;
> The dross cements what else were too refined,
> And in one interest body acts with mind.
> (*Essay on Man*, Epistle II)

Pope llevó a cabo el paso de la poesía a la arquitectura de jardines, y, junto con él, William Kent. Al igual que su verdadero interés se concentra en «el ser humano como tal», no puede verse en el árbol plantado conscientemente solitario, algo único, sino siempre el «árbol por excelencia», lo que significa tanto como el árbol considerado una generalidad natural y, al mismo tiempo, espiritual. El jardín inglés es un mundo organizado en *mónadas*. Cada árbol individual es una unidad encerrada en sí misma, sin que el aislamiento surja por estar vallado, sino por su contenido interior. Cada mónada representa siempre un reflejo del todo. La idea del bosque ya no necesita una plantación real y extensa. El árbol comprendido dentro de la mónada logra lo mismo que si uno sabe plantarlo y observarlo conscientemente. Esta es exactamente la tarea de la arquitectura de jardines, pues no es otra cosa cuando se trata del prado, el arroyo, la casa o el ganado vacuno. Cada cosa individual escenificada cuidadosamente en su aislamiento, que por sí mismo indica la relación universal de la naturaleza, se convierte en una mirada al *teatro del mundo*, que contiene multitud de escenarios contiguos, por encima y por debajo de él. En cada uno de esos escenarios, cada uno de esos objetos más pequeños puede contar la historia de su ruptura cósmico-individual.

Una anécdota relata que Leibniz fue a pasear con la princesa Sophie-Charlotte por el parque de Herrenhausen y que éste le rogó le mostrase dos hojas que fueran idénticas entre sí. Ella no lo logró, queriendo Leibniz con esto demostrar la infinita variedad de la naturaleza, que en cualquier parte no está tan falta de imaginación que tenga que repetirse. Debido a esta infinitud visible y realmente estructurada, Leibniz, en su *Monadología*, escrita en 1714, definió al creador de todas estas cosas como un arquitecto que, con divina visión, coloca a sus criaturas sobre grandes y pequeños escenarios concediéndole a cada uno ser un espejo viviente, un «point de vue» del universo.

En especial, la primera fase de la arquitectura de los jardines ingleses puede ser comprendida muy bien desde esta concepción monádica del mundo. El complejo ajardinado de *Stowe* es un ejemplo magnífico de la colaboración de ambos principios fundamentales: de la identidad y del motivo, de la rigidez matemática y de la libertad basada en la contingencia. El plano muestra que un rígido sistema de coordenadas, a base de ejes rectilíneos y caminos con nuevos trazados de líneas sinuosas, puede descomponerse. El resultado muestra que armonizan maravillosamente entre sí. Kent va, sin embargo, más allá: escenifica en los llamados «Campos Elíseos» la lucha de las «Virtudes» contra los «Pecados, el tema preferido de su amigo Pope. Frente a las virtudes antiguas, que aún se conservan y cuya trayectoria puede seguirse hasta la Antigüedad, Kent trae la degeneración de los tiempos modernos y la corrupción del presente. Más allá de un río, que llama «Styx», se abre, sin embargo, una vista llena de esperanza sobre los próceres de la nación, los llamados «British Worthies». No es, por tanto, una tragedia, sino un espectáculo consolador y animoso desde el punto de vista nacional, insertado en la capacidad reconciliadora de la naturaleza y en su bondad que siempre evoluciona.

Dos aspectos de la idea del jardín inglés deben ser observados más detenidamente ya que también condujeron a decisiones fundamentales en la arquitectura de italianos y franceses y es por ellos por lo que las posturas diferenciadoras sobresalen todavía con más claridad.

Lo primero es la concepción del *espacio*. Partiendo del punto de vista de la villa de belvedere, Bramante había ordenado el espacio individual como la unidad diferenciada en sí misma a tres niveles. Le Nôtre amplió el espacio hacia una magnitud cósmica disolviendo los tres niveles en una serie infinita que sólo en lo «absoluto» podía alcanzar la generalidad apropiada y llegar, con ello, a una conclusión. La arquitectura de jardines ingleses da un paso más y regresa, al mismo tiempo, desde lo absoluto de nuevo a la «tierra»: ella convierte el nivel del belvedere, del panorama, de la extensa vista en un *tamaño universal*. La «universalidad» es el punto más alto de la generalidad. Este sólo puede alcanzarse, si el absoluto es comprendido desde su alejamiento, que se logra en el marco de su particularidad, traído de nuevo y allí entendido como fuerza portadora y «representadora» de la realidad. Exactamente en este momento es donde hay que ver el alejamiento esencial de la concepción de la naturaleza de ingleses e italianos. El resultado es un mundo formado de mónadas. La mónada es el lugar propiamente dicho de la universalidad. Es individual, está separado totalmente de todos los otros, y puede «representar», sin embargo, a todo el universo, si «actualiza» suficientemente lo contenido en ella. Leibniz compara la interdependencia de todas las mónadas con una piedra que cae en el mar. Las olas que ocasiona tienen un efecto no sólo sobre la parte más inmediata, sino en el ángulo más alejado de todo el mar. De esta manera es posible imaginarse el espacio como de un tamaño universal en el que cada lugar está relacionado con el otro.

El arquitecto se vale de esta infinitud del espacio imitando el Panteón de Roma en el jardín inglés de una villa londinense, la Villa Rotonda de Palladio y un templo de Agrigento. Sólo teniendo presente la idea de las mónadas, con la que cada jardín se amplía hasta convertirse en un paisaje universal, puede dejar de hablarse de «eclecticismo» o «burguesía ilustrada». La idea de la «repraesentatio» tiene aquí un nuevo significado. Observar y pensar no son aquí actividades meramente psicológicas que sirven para unir el interior con el exterior, sino que tienen la fuerza para llevar cosas directamente no existentes desde su relativo aislamiento a una directa presencia. Esto sucede pensando; pero como el pensamiento de una mónada siempre puja por ser realidad surgen las cosas representadas de forma real en la naturaleza constituida e introducen la fuerza espiritual que habita en ellas en el diálogo universal del paisaje.

Los jardines de *Roushan* y *Stourhead* son buenos ejemplos de cómo un parque puede convertirse en un «escenario del mundo» en el que la unidad de la universalidad natural y espiritual puede unir también las circunstancias más disparatadas con una armónica vivencia del paisaje. En este sentido, quizás sea William Chambers el que más lejos ha ido al construir *Kew Gardens*. Junto a la famosa pagoda encontramos allí una casa de Confucio, una catedral gótica, una Alhambra y una mezquita turca. A causa de esta gran densidad, Chambers se ganó el burlesco reproche de haber querido representar «el mundo en una hectárea». También le fue criticado frecuentemente el que sus copias tuviesen a menudo el tamaño de miniaturas. Pero es en esto donde queda demostrado, precisamente, que para los arquitectos no se trataba de imitar los edificios reales sino que se trataba de representar la fuerza ideal inmanente en ellos.

La segunda idea a destacar es el *tiempo*. Lo que está relacionado directamente

Packwood House, Warwickshire, Inglaterra
El jardín de Packwood fue construido a mediados del siglo XIX. Si bien no se puede denominar jardín inglés, es un terreno cercado con un entorno paisajístico precioso.

con la idea del espacio. Los franceses habían colocado el espacio y el tiempo en un paralelismo que se desarrolló hacia una línea infinita, tendente hacia lo absoluto. Lo que los ingleses podían hacer con una tal linearidad utilitarista era tan poco como con la posposición de ambas en un sistema de coordenadas contrapuestas. Si el tiempo tiene que ser comprendido de forma universal, entonces se extiende y se cierra en un *círculo*, en el que no sólo la periferia, sino toda la superficie contiene una dimensión temporal.

Si se contempla el jardín inglés bajo este punto de vista no habrá que maravillarse de que nos encontremos fuertes y atrevidos saltos cronológicos construidos en el mismo paisaje: un obelisco egipcio, columnas griegas, una ruina gótica, casas clasicistas y, de forma repetida, el templo de Vesta de Tívoli. Están con alegre garbo unos junto a otros, sin dejarse llevar por una idea de historia lineal o un comportamiento de competencia. La comprensión universal de la historia aquí iniciada, que ni se interesaba por el comienzo ni por el final de la historia, sino solamente por la convivencia, en igualdad de condiciones, de todos los niveles temporales, desemboca en el trabajo de los enciclopedistas, que desde mediados de siglo comienzan con su gran exposición general de la cultura que comprende el tiempo y el espacio.

Pero hay todavía una segunda fase de la arquitectura de jardines inglesa en la que ésta, a juicio de muchos, alcanza por primera vez su verdadera cumbre. Lancelot es su representante más importante. Si se habla aquí de «fases», con ello no se alude necesariamente a una continuación temporal. Se trata más bien de dos métodos diferentes de perfilar el paisaje:

Packwood House, Warwickshire, Inglaterra
El muro de ladrillo plantado de flores forma el borde de la terraza y separa la parte superior de la parte inferior del jardín.

El primero podría ser caracterizado como el de los *idealistas*. A éste pertenecen Pope, Burlington, Kent, Shenstone y el gran contrincante de Brown, William Chambers. Lo característico de él es que, con toda su identidad de naturaleza y espíritu, le dan un gran valor a los elementos espirituales. Les gusta poblar el paisaje de arquitecturas significativas, fijan perspectivas precisas y comentan las vistas, en parte con inscripciones eruditas.

El otro método es el que sigue Brown, al que, con justicia, bien se le puede denominar *naturalista*. Aleja todos los elementos culturales del paisaje y renuncia ampliamente a arquitecturas construidas. Se ha afirmado muchas veces, que lo «clásico» de los jardines ingleses sale a la luz cuando se renuncia a toda arquitectura y se deja hablar sólo a la naturaleza. Esta interpretación olvida que también la «naturaleza» es la obra de un arquitecto. Brown sabía esto perfectamente y aceptó el desafío del «Primer Arquitecto»

El cometido de su propio trabajo lo describió siempre muy humildemente como «improvent». El quería sólo mejorar, ennoblecer, acentuar, emprender cambios, rectificar los fallos existentes. Pero para él estuvo siempre claro que estaba trabajando en una «obra de arquitectura» y ello, en verdad, como un arquitecto de la naturaleza. Desde hace tiempo, desde *El Juicio Final* de Miguel Angel, que prescinde de columnas, cúpulas y otras partes arquitectónicas, se sabe que también se puede crear un espacio con la sola ordenación de masas corporales. Tiépolo, el gran contemporáneo de Brown, consigue también en la Residencia de Würzburg un triunfo, del todo análogo a sus paisajes naturales, en la construcción espacial de la perspectiva, sin tener que emplear para ello arquitecturas edificadas. Cuanto más humilde parecen las pretensiones, tanto más alta era la medida: Lancelot Brown era el «Segundo Arquitecto» y tenía la fuerza de la naturaleza en sus manos. En qué medida era consciente de la situación de competencia lo demuestra uno de sus característicos dichos, de que el Támesis no le perdonaría nunca si pudiese ver el lago de *Blenheim*, construido por él.

Su forma de proceder era siempre la misma y ello le proporcionó el curioso mote de «Capability» Brown. Estaba convencido de que un «mejoramiento» de las circunstancias naturales sólo podía ser realizado si el arquitecto se deja llevar de la «capabilities» inmanentes al paisaje. Esta expresión es interpretada la mayoría de las veces como «posibilidad». Pero con ello no se tiene suficientemente en cuenta el método naturalista de su arquitectura. Eran más bien idealistas, como, por ejemplo su adversario Chambers, los que decoraban el paisaje con «posibles» templos, iglesias y pagodas. Leibniz acuñó un importante concepto que aquí adquiere su importancia: el «existuir», entendido como «el urgir en la existencia». Aquí hay que colocar a Brown. Cada paisaje tiene una estructuración y unas posibilidades naturales que tiran hacia adelante porque desprenden más realidad que otras. La tarea de los arquitectos consiste en sacar lo máximo posible de la naturaleza. Pero, ¿no lo hace mejor ella misma? Pues, no. «Capability» Brown se pone directamente a la par de los arquitectos de fama mundial y se convierte en señor de aquellas realidades que urgen en la existencia. Si se piensa en la exigencia de universalidad del concepto de jardín inglés se entiende por qué ya antes de Lancelot Brown habían desaparecido todos los muros y vallas. Ya no hay más fronteras que puedan impedir a la «segunda naturaleza» estar activa, más allá de sí misma. Ella abarca, pues, también los graneros, el río y los extensos paisajes. Con sus más de doscientas construcciones de jardines Brown ha «configurado de nuevo» casi todo el centro y el sur de Inglaterra. Podía estar contento con los resultados, pues había convertido una violenta región en un escenario, en el que sólo se representaba una obra:

The Fall and the Rise of Nature.

Rievaulx Terrace, North Yorkshire, Inglaterra. Ruinas góticas de Rievaulx Abbey

No muy lejos de Studley Royal esta Rievaulx Terrace, un complejo de terrazas al borde de una pendiente ladera, cercada de un templo dórico y uno jónico. Desde aquí hay una magnífica vista de la Rievaulx Abbey. Tales testigos heroicos medievales tenían un alto valor cultural para los románticos entre los arquitectos de jardines ingleses, los cuales adquirieron mayor influencia en la segunda mitad del siglo XVIII.

Situación de los jardines

Italia
1. Villa d'Este, Tívoli
2. Villa Aldobrandini, Frascati
3. Palazzina Farnese, Caprarola
4. Villa Lante, Bagnaia
5. Bomarzo
6. Jardines de Boboli, Florencia
7. Villa Gamberaia, Settignano
8. Vila il Bosco di Fonte Lucente, Fiesole
9. Villa Garzoni, Collodi

Alemania
10. Jardín del Palacio de Schwetzingen
11. Jardín del Palacio de Weikersheim
12. Jardín de la corte de Veitshöchheim
13. Jardín del Palacio de Eremitage, Bayreuth
14. Parque del Palacio Sanspareil, Bayreuth
15. Jardín del Palacio de Brühl
16. Jardines reales de Herrenhausen, Hannover
17. Jardines del Palacio Charlottenburg, Berlín

Austria
18. Jardín del Palacio de Belvedere, Viena
19. Jardín del Palacio de Schönbrunn, Viena
20. Parque del Palacio Laxenburg, bei Viena
21. Jardín del Palacio de Hellbrunn, Salzburgo
22. Jardín del Palacio de Kleßheim, Salzburgo

Holanda
23. Jardín del Palacio de Het Loo, Apeldoorn
24. Parque del Palacio Rosendael, Arnheim

Francia
25. Jardín del Palacio de Versalles
26. Jardín palaciego de Vaux-le-Vicomte, en Melun
27. Jardín del Palacio de Villandry, en Tours

Inglaterra
28. Stourhead, Wiltshire
29. Petworth, West Sussex
30. Blenheim, Oxfordshire
31. Stowe, Buckinghamshire
32. Packwood House, Warwickshire
33. Chatsworth, Derbyshire
34. Studley Royal, North Yorkshire
35. Rievaulx Terrace, North Yorkshire
36. Castle Howard, North Yorkshire

Escocia
37. Mellerstain, Gordon, Berwickshire

Fotografías:
Las fotografías de los jardines italianos, alemanes y holandeses fueron
hechas por Martin Claßen, Hans Wiesenhofer hizo las de los jardines ingleses, franceses y austriacos.

Hans Wiesenhofer trabaja con Cámaras AF-Minolta y Objetivos AF-Minolta

Fotografías blanco y negro:
Archiv für Kunst und Geschichte, Berlín: pág. 133
Bayerische Verwaltung der Staatl. Schlösser, Gärten und Seen, Múnich: pág. 149
Bildarchiv preußischer Kulturbesitz, Berlín: pág. 141
Mary Evans Picture Library, Londres: pág. 9, 13, 31, 108, 186, 187, 192, 198, 199, 204, 212
The National Trust/Photographic Library, Londres: pág. 213
El resto de ilustraciones provienen de los archivos de la editorial y del editor.